城市色彩形象识别设计

宋立新　著

中国建筑工业出版社

图书在版编目（CIP）数据

城市色彩形象识别设计/宋立新著.—北京：中国
建筑工业出版社，2014.4（2025.8重印）
ISBN 978-7-112-16536-0

Ⅰ．①城… Ⅱ.①宋… Ⅲ.①城市规划-色彩-研
究 Ⅳ.①TU984.1

中国版本图书馆CIP数据核字（2014）第045080号

责任编辑：张幼平
书籍设计：锋　尚
责任校对：陈晶晶　刘梦然

城市色彩形象识别设计

宋立新　著

*

中国建筑工业出版社出版、发行（北京西郊百万庄）
各地新华书店、建筑书店经销
北京锋尚制版有限公司制版
建工社（河北）印刷有限公司印刷

*

开本：787×960毫米　1／16　印张：14¼　字数：280千字
2014年5月第一版　2025年8月第二次印刷
定价：48.00元
ISBN 978-7-112-16536-0
（25380）

前　言

　　城市色彩在城市形象的塑造过程中有着不可替代的作用。在全球化和城市化的趋势下，城市色彩是表现城市地域文化、彰显城市精神、凸显城市个性的重要手段。目前，我国的城市色彩一方面呈现出千城一色、地域性丧失的倾向，一方面又表现出色彩污染、杂乱无章的状态。城市色彩是城市化进程中一个迫切需要解决的战略问题，直接关系到人居环境的改善及城市化终极目标的实现——诗意的栖居。对于城市色彩这个亟待解决的问题，当前缺乏理性的思考及系统性的解决办法。

　　城市具有很强的地域性与文化性。由于科学的崛起、经济人的诞生，城市逐渐走上以物质文明为单一向度来衡量社会进步的道路。目前，社会财富较以往已有很大提高，技术经济最根本的特征是促逼、摆置及计算，这导致城市主体无时无刻不因为虚名和私利的欲望而产生判断和否定，倍感身份丧失而致天性泯灭，甚至精神失落，心灵没有丝毫的宁静。人们希望从物质环境的外在压力下解脱出来，过上一种摆脱"必需后"的相对自由的生活，以达至理想化的存在状态，体悟诗意的栖居。

　　理想化的生存状态是城市主体能够实现自我的存在。只有在存在状态下，城市主体才可能找回自我，并使其天性中的良善与纯真在生命中得以显现。因此，城市色彩设计的目的是实现对城市主体的人文关怀，以使城市主体诗意地栖居在大地上，复归于人天性的本真。

本书通过对城市主体生存现状与存在状态特征的比较，推导出"诗意的栖居"是城市发展的终极目标，进而通过对诗意的栖居（即艺术化生存）状态审美感受的分析，确立城市主体的心灵为城市色彩研究的本体。

研究针对城市形象识别系统进行了理论的创新，从哲学的高度对城市色彩形象的识别概念进行深入挖掘，对形象识别的特征、生成条件及生成方式等进行系统研究。一座城市的历史文化结构中有其不变的人格精神（即文化原型），其中关于良善和纯真的理念，即是塑造独特城市色彩的关键。理想的城市色彩是使城市主体达至其天性中的良善或纯真精神理念显现（识别）的路径之一，因此，城市色彩形象识别设计的原理即是城市主体的文化原型（集体无意识的精神理念）与城市色彩所形成的感知的同一性。

对目前国内外城市色彩研究机构研究方法的评析发现，目前城市色彩研究方法的缺失之处在于缺少对城市主体生存感受的人文关怀，仅仅从生理的角度强调城市色彩物理属性的和谐。因此，研究注重的是城市主体与城市色彩间的关系存在，而不拘泥于城市色彩视觉效果的调和。

研究较其他城市色彩研究机构的视角不同。书中的城市色彩是指广义的城市色彩，即宏观的、整体的城市空间色彩，是城市主体在时间和空间上阶段性所感知的城市色彩意象，而不是其他城市色彩研究机构所强调的狭义城市色彩，即时间和空间中的某一点所感知的城市色彩。

研究站在哲学的高度，综合实证主义、人本主义、符号学、现象学、审美主义和存在主义等理论，运用艺术设计的方法来对城市色彩形象识别设计进行系统的跨学科研究。为了实现城市主体的艺术化生存，城市色彩形象凸显地域特色，研究利用科学分析的手段作为城市色彩设计的考量，将城市主体的精神理念作为城市色彩设计的创意之源，构建了系统完整、形神兼备的城市色彩形象识别体系，并提出了切实可行的解决方法，包括城市主题文化的评估体系、城市理念的定位原则、城市精神转换为城市色彩意象的方法、城市概念色谱确立的手段，以及城市色彩实施管控的操作流程，并附以实际操作的案例说明。

研究的意义在于塑造良好的城市色彩形象，营造城市色彩独特的场所精神，求得城市主体对城市空间色彩的识别（认同），传达城市与自然和谐共生的理性文明存在，构建城市共同体的理想家园，以期实现城市发展的真正目标——"诗意的栖居"。

第一章引言部分主要介绍研究背景、意义，综述目前国内外研究现状。

第二章主要揭示城市本质，对城市现状问题及人的生存状态进行剖析，探讨城市未来发展的价值取向，在此基础上提出城市应达到的理想状态——诗意地栖居。

第三章首先阐释色彩的感知，色彩与人意识的关系，继而说明研究城市色彩的角度是从宏观的城市色彩形象入手。其次，列举目前城市色彩污染等问题及其不良影响，同时对现有的研究方法进行梳理归纳，分析其可取及偏失之处。指明城市色彩形象对人灵魂的影响，为诗居城市色彩形象识别设计提供切入点。

第四章为城市色彩形象识别原理的寻究，探讨城市形象识别系统的内涵，求索城市形象使城市主体认同与归属的根源，从而推导城市形象识别系统中城市色彩的设计方法体系：即以城市主体的精神理念为本源，以城市色彩现状为框架，结合自然景观推导出城市未来的色彩意象，确立概念色谱、评价管控。

第五章对城市色彩的本源——城市精神理念的提取方法进行解析，剖析文化结构中的原型，建立城市主题文化理念的评价体系，从城市主题文化中寻找不变的城市精神理念。

第六章通过对视觉思维的解析，推导城市色彩意象是城市色彩形象识别过程中重要的节点，是城市概念色谱得以确立的前提。研究从城市精神到城市色彩意象进行转化的方法，探寻城市色彩中艺术精神得以感性显现的方法，从城市自然景观与城市人文精神理念推导出未来诗居城市的色彩意象。

第七章阐明由城市色彩意象到城市色谱确立的思路，以及色彩分区、后期评价、管控的操作程序和方法。

第八章讲述笔者在此课题实际项目中的操作案例——福建省永安市城市色彩形象识别设计。

结语对全书的内容和研究成果进行总结，并提出了关于诗居城市色彩形象识别设计践行的期许。

教育部高等教育工业设计专业教学指导分委员会主任委员
湖南大学设计艺术学院院长
何人可　教授
2014年4月28日于岳麓山

目 录

第一章
引　言

色彩，是大自然最重要的组成元素，也是人类感知世界最重要的途径之一。在正常状态下观察物体，首先引起视觉反应的就是色彩，其次才是形状、质感等。城市标志着人类社会的形成，承载着人类的物质文明，城市面貌是对地域特色、民族特性和文化传统最为直观的反映。就视觉感知而言，城市是由"形"和"色"共同构成的空间。城市色彩作为一种空间语言，具有很强的识别、造型和调节作用，并能传递形体要素无法表达的情感。

1.1 城市化与城市色彩

回顾20世纪，随着科学技术的迅猛发展，人类享受物质丰富所带来的愉悦之时，科学技术"双刃剑"的负面作用也逐步显现，如自然生态环境破坏、人文环境消解、传统地域文化丧失。在保护环境、善待文化的前提下寻求社会发展的新途径，是21世纪人类必须关注并引起重视的课题。"对城市和居住区的活力和人居性的研究一直是一个重要的课题"[1]，在可持续发展的战略指导下建设高品质的城市人居环境、满足城市主体的精神需求，在遵循生态环境的前提下发展人类文明，将是日后人类得以持续发展进步的核心。对于城市色彩形象识别设计的研究，其意义正在于提高城市人居环境，使城市主体达到理想中"诗意栖居"的生存状态，在物质生活迅速提升的大背景之下，使城市主体的精神生活充实圆满。

1.1.1 城市化与色彩

在我国，伴随着城市发展过程中必然发生的旧城改造、街区转型和新城开发，城市形象发生了令人惊异的变化。开发商和建筑师的合作几乎毫无障碍，建筑样式不受地域制约地到处挪移；四通八达的物流使得建筑材料四处泛滥，遍地开花。但是，当社会的物质财富适当满足以后，有关民族及地域传统文化的传承与维系就成为城市化的重中之重。相对于19世纪末20世纪初就已经展开的landscape（统称为景观）设计，学术界提出了针对城市问题的townscape或urbanscape（城市景观）设计概念及理论，后来又有学者直接针对城市、建筑和色彩的主题提出了"colorscape"（色彩景观）的概念[2]。

然而，仅仅数年，中国部分历史文化古城便旧貌换新颜了，那条数百甚至上千年形成的极具特色的城市色彩堤坝在时下翻天覆地的城市化进程中显得极其脆弱。城市形象中心文化被忽略，传统城市形象的景观特质逐渐消逝，连带勾起人们对该城市本土特色的怀念，从而导致内心深处怀旧意识的茫然和文化归属感的失落[3]。城市特色的丧失更使得城市本土文化遭到严重破坏，城市居民的"无根"漂流感加剧。

周干峙院士认为："历史文化是城市发展之'源'，城市化是发展之'流'。我国城市应当'源远流长'，才是健康的持续发展之道。"[4]城市的文化，城市的历史，城市中的大街小巷、人文故事无不时刻勾起人们美好的回忆，这些都是城市宝贵的却又在飘失的财富。"城市色彩"无疑是最后一道能够保留城市特色的堤坝，然而，这却是我国民众甚至城市规划、营造和管理专业人士相关意识最薄弱的环节。城市色彩的研究尚不成熟，依旧停留在就色彩而论色彩的地步，虽有的研究已经开始引入传统的地域文化、名人历史、特色地理环境等方面因素，但大多是泛泛而谈；即便从宏观的城市规划角度来探讨城市色彩，最终仍然局限于城市的建筑色彩，而且方法雷同，缺乏完善的理论体系，对于城市建设管理部门的操作指导性不强，无法实现加强城市识别性及突出城市个性的目的，甚至城市色彩的设计也无法得到广大城市主体的认同，难以广泛推广。

鉴于此种情况，终于有一些城市化进程中的独醒者意识到"城市色彩"应该是挽回城市地域特色的有效路径，并且开始着手这方面的研究。此时的介入，有助于城市色彩朝着更为理性和科学的方向发展。需要提出的问题是：一个城市是否应该具有特定的色彩基调？何种城市色彩基调能够代表地域特有的文化与民族特色，并与自然环境和谐共处？如何运用城市色彩构建美丽宜人的城市画面，使城市主体生活于良好的环境？从根本上说，城市色彩识别设计不应该局限于城市单体建筑设计中色彩语言运用的研究，而应该是从城市整体色彩形象的角度进行系统性、指导性和控制性的研究，研究层面应该是相对宏观的，而非微观的，研究对象应该不是某个个体，而应该是城市主体与城市色彩环境的关系。

从城市形象识别系统的角度研究城市色彩应该是个好的途径。建立城市形象识别系统的目的就是塑造城市形象、加强城市识别，而城市视觉识别是它的主要手段，城市色彩又是城市视觉识别中尤为重要的一环。因此，只有从此角度来研究城市色彩设计才可能超越建筑学、景观学界单纯着眼于建筑单体的方法，才可能真正从城市整体形象的角度来探讨城市色彩。而且，城市形象识别系统理论是一种针对实践的理论，通过借鉴，将使城市色彩设计更具操作性和指导性，城市色彩真正具有识别性，突出城市个性，重建人文关怀，完善城市形象，实现城市主体的自我存在。

1.1.2 城市色彩的意义

城市主体生活于城市里，就如同生活于某种色彩关系之中。和谐悦目的城市色彩，体现着城市生命的活力、阐释着城市环境的文化构成，更隐喻着城市主体的精神价值和文化理念[5]。城市色彩识别设计研究的目的是解析城市色彩环境，以特殊的色彩语言阐述城市环境的理想追求，以优美的色彩图景为城市创造美观、宜人的生活空间，塑造有文化认同和精神归属感的诗居家园。

1. 塑造城市风貌

"城市风貌即城市的风格和面貌，是自然因素和人类活动综合作用的结果，各个城市都是在其特定的自然环境中，随着社会的发展，经过长期历史演变，形成独特的城市风貌[6]"。"城市风貌可以体现于建筑风格、样式、材质和色彩等等诸多方面[7]"。和谐有序、识别性强的城市色彩对于良好城市风貌的形成有着至关重要的作用，同时也成为"推进生态文明，建设美丽中国"的重要理论依据和内容。

2. 彰显地域文化

城市色彩和其他的文化要素一样，从属于地域文化并体现地域文化，在城市文化特色的表达上，色彩应该是绝佳的材料和话语。色彩作为文化表层中可见的现象，从一个特定的角度反映了一个地域特有的文化内涵和文化本质。"城市色彩综合反映了城市的特质，成为一个城市区别于其他城市的文化、外貌、风土等的综合价值判断[8]"。

古往今来，每一种新的文化现象的产生，往往是先由其"先知先觉"的代表人物首创，然后为大家学习并继承发扬。文明总有它的发源地，这些文明在一个地方创造出来后，慢慢地就被人们流传到其他地方，成为一个地区、一个民族的文化。无论是一种文化现象，还是代表一个时代文化结晶的物质文明成果，都凝聚着一个时代的精神精华和人类的智慧。城市色彩作为城市文化的重要组成部分，承载着城市的文脉，对城市色彩形象识别的研究不仅是从美学意义上探讨如何获得协调的视觉效果，更重要的是如何通过这一研究，在全球文化趋同的趋势下挖掘、保护、延续地域性的文化和传统，实现全球化、现代化与地域性的共存[8]。

3. 传达场所精神

"场所就是一切能够引起人们注意的固定物体的地方"，场所又是组织起来的意义世界[9]。当今，人们都觉得一个场所应该有其特征——"识别"（identity）——来使它有别于其他场所。最初，由于大部分城市景观产生于乡土，地方与地域认同感不需要任何人去努力实现。19世纪前，交通的限制保证了世界各地的大部分城市建筑物都是用当地的材料建成，对结构原则和建造技术的有限理解也把城市人工景观类型限定在某些特定的地方，尽管激进的设计变革时有发生。工业化使这些限制日益松弛，19世纪中叶，全球迈入工业化社会，科学进步带来了技术潜能的爆发，扩大了新材料的用途。在快速工业化的城市化时代，用来控制公共健康和安全的新条例与法规也为了可预测的生产而寻求共同的执行标准，这同样侵蚀了地方和区域的本土差异。经过一个多世纪的变迁，具有地域特色的城市形式已无法自发产生了。任何一个人细想一下都清楚：正如建筑师M-霍夫（Michael Hough）所指出的："地域特色的问题变成了一个选择的问题，因而是设计的，而非必需的"。[10]

如今各行各业的人都对"场所"问题饶有兴趣。例如，查尔斯王子（Charles Philip Arthur George）为了增进对"场所—认同（place-identity）"的特定理解，忠告设计师们要"使其所在成其所成"（Let where it is be what it's made of）[10]。反体制（anti-establishment）①的艺术家露西·里帕德（Lucy Lippard）虽然具有非常不同的价值观，但也同意场所—认同的问题，她赞美"地方的诱惑"，提倡一种"融入或照亮场所"的艺术[11]。面对与日俱增的社会、政治和经济压力，许多设计师都希望在他们的作品中涉及"场所—认同"的话题。例如在英国，环境部1996年的研究显示各种专业领域的设计者们已经开始认识到这一议题的重要性，皇家城镇规划学院前院长T. 罗伯茨（Trevor Roberts）2002年提出认同感是"规划的基本目标"[10]。这种关注并非仅仅是英国文化特有的怀旧，它在世界传播得更为广泛。这一关注将应用于非常不同的，且更加面向未来的文化语境中。"城市设计行使的乃是'空间、时间、含义和交往的组织'功能"。[12]

城市色彩是表现城市场所的重要形式，利用城市色彩的识别来使一个城市区别于其他城市，正是当下城市各阶层关注的热门话题。如上所言，城市迫切需要一种融入或照亮城市的色彩来满足城市主体对城市认同的渴望。城市色彩与城市空间结合正是一种场所的创造，城市色彩直接影响着城市主体对城市的认同感。色彩在城市形成场所精神中占有相当重要的地位，城市色彩形象识别设计是形成城市主体归属感的源泉。

4. 实现诗意的栖居

色彩体验和色彩感觉是集体的、地方性的表达。克尔凯郭尔（Kierkegaard）说："有三种可能的人生态度，一是美学的，二是道德的，三是宗教的。"[13]这里将以艺术与技术结合的途径构筑城市色彩的理想图景，以艺术设计的手

①反体制(anti-establishmcnt)，一种反对社会、政治、经济惯常原则的观点，多见于社会和政治议题。在英国，反体制组织多为反对统治阶级。

段协调理性的分析与感性的经验，以理性与感性交织的方式演绎城市色彩的旋律，借用城市美学的原理，用审美的艺术化生存方式帮助城市主体达到诗意的栖居状态，以期城市主体和城市色彩达到人与物的关系存在；使人们通过对城市色彩的感知，在此城市中达到关于该地域良善或纯真精神理念的认同（识别），以体悟到自我存在，用审美的艺术化生存方式帮助城市主体达到诗意的栖居状态。

1.2　国内外研究现状

对于城市色彩的建设与设计，国外起步较早，且已形成针对各国地域较为成熟的理论体系。近十几年来，随着城市建设中色彩问题的频发与累积，国内各个领域的学者已经开始关注城市色彩问题，城市色彩研究成为现代城市建设中的新课题，有关城市色彩的研究成果逐渐增多。

1.2.1　国外研究现状

国外对于城市色彩的研究历时较长，欧洲、美洲及亚洲对此类课题皆有较多研究及实践，并且成立了多个色彩机构，有的国家还制定了相关法规，对城市色彩这一课题的研究贡献很大。

1. 国外城市色彩研究实践

最早并较完整地进行色彩规划的城市可追溯到意大利的都灵[2]。1800年左右，都灵市政府委托建筑师协会对全城色彩进行了调研与规划设计。都灵城市色彩规划方案不仅注意了城市建筑与街道、广场的色彩风格的统一，一些主要街道和广场的颜色也设计得极为丰富和精致。1845年，建筑师协会向公众发表了约50年的研究和实践成果——城市色彩图谱。这些色彩都被编号，以作为房主和建筑师协会成员重新粉饰房屋的参考。这项城市色彩计划被列入了正式的政府文件。

法国色彩学家让·菲利普·郎科罗的色彩地理学（La Géographie de La Couleur）理论是城市色彩研究领域较为突出的研究成果。"他发现不同的地理环境直接影响了人类、人种、习俗、文化等等方面的成型和发展，这些因素都导致了不同的色彩表现"。[15]在欧洲的旧城保护浪潮中，色彩地理学在传统、地域和文脉的基础上研究，通过对当地色彩环境的调研分析，整合色彩信息，修复色彩环境。郎科罗（Lang Colorado）教授从色彩研究角度对地域性文化和传统的保护作出了积极贡献。他的工作室通过对地方性土壤和建筑材料的收集分析，研究了带有地域特征的建筑色彩。在此基础上，分析整合出色彩信息数据，完成色彩还原，复制色彩模型等，最后通过图表色谱的方式表现出调查对象的色彩效果以及周围环境的色彩效果和各色彩之间的数量关系，方法步骤可概

图1.1 意大利都灵[14]

图1.2　色彩地理学理论[8]

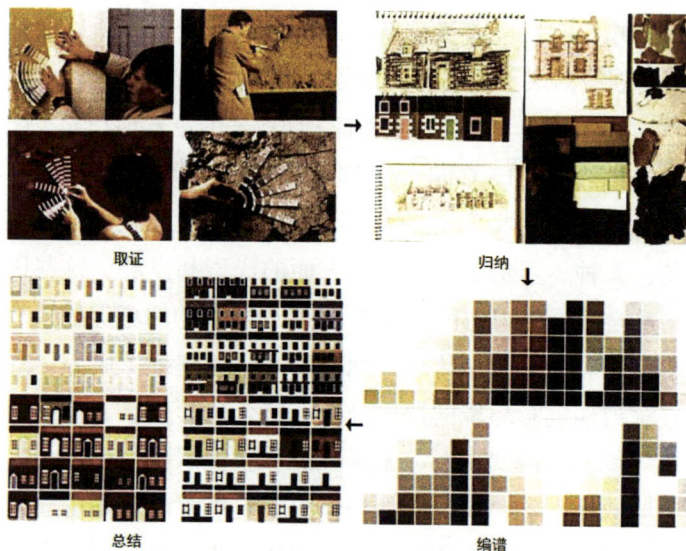

取证

归纳

总结

编谱

括为：选址、调查、取证、归纳、编谱、小结等。色彩
地理学主张对某个区域的综合色彩表现方式（主要是民
居）做调查与编谱、归纳工作，目的在于确认这个区域
的"景观色彩特质"，阐述这个区域居民的色彩审美心
理。当前，欧洲许多国家关于城市色彩的研究日臻完善，
许多色彩研究机构不断在该领域取得显著成就。

　　发端于20世纪70年代的日本城市色彩理论研究，延续
了郎科罗的色彩地理学思想，特别是通过科技手段和新
设备的运用，提升了城市色彩研究的实证水平和色彩科
学的精准度。使用电子彩色分光测量仪器进行实地色彩
采样，运用直观的色谱进行色彩表达，采用日本实用色
彩坐标体系及孟塞尔颜色体系进行数字标注，其目的在
于构建精确的现状数据库，以便为该地区未来建筑色彩
的规划和设计提供参考。此外，日本对城市色彩有着较
早的管理和规划意识，特别注重城市色彩理论方法与城
市管理的结合，是从城市规划管理层面发展城市色彩思
想的典例。日本色彩设计研究所专门建立了色彩形象坐

标，将配色、语言、环境、人结合成有机体，像使用语言一样使用色彩[16]。

　　1970～1972年期间，日本东京市政府出资委托日本色彩研究中心对东京进行了全面的色彩调研，形成《东京色彩调研报告》。1976年，日本宫崎县开展关于建立色彩标准的研究，倡导色彩与自然相协调。1994年，日本色彩设计家吉田慎悟主持了立川市法瑞特区的色彩规划，确定色彩风格为中性、和谐的复合色谱。1998年，京都成立了公共色彩研究课题组对该市的广告、路牌、宣传栏等内容进行专题调查与研究，以减少高彩度广告，形成色调舒适的京都城市色彩。2004年，日本通过了《景观法》，以法律的形式规定城市的建筑色彩及环境。此外，19世纪六七十年代，法国巴黎的城市色彩也再次调整，确立了鲜明的城市色调。

　　21世纪初，韩国为了规划及控制城市高层公寓的色彩，进行了一项专门针对高层公寓色彩实施指南的研究，通过实地调研，提炼出高层公寓现状外观色彩形象，筛选出208个标准色，而后通过计算机色彩模拟技术建立评估场景，再次进行评价分析，得出色彩搭配指南及规划原则，用于后期建立高层公寓的色彩指导，以保证其外观色彩协调的最低限度。图1.5为国外城市色彩规划研究项目的发展历程：

图1.3 （左）日本京都城市色彩[17]
图1.4 （右）法国巴黎城市色彩[18]

时间	国家/城市	内容
1800～1850年 / 1978年	意大利 都灵	城市色彩规划的起源。1845年，建筑师协会受市政府委托向公众发表了近50年的研究和实践成果——《城市色彩图谱》，作为房主和建筑师协会成员进行房屋重新粉饰的参考，这项城市色彩计划被列入了正式的政府文件。乔瓦尼·布里诺教授主持了该市的色彩风貌重新修复工作
1961年 / 1968年	法国 巴黎	规划部门对巴黎地区色彩规划进行两次调整，确立米黄色城市色调
1980年	英国 伦敦	英国环境色彩设计师米切尔为泰晤士河两岸进行了色彩规划与设计，为各节点做色彩规划方案，协调两岸各个色彩对象
1981～1998年	挪威 朗伊尔城	通过科学的色彩规划与循序渐进的色彩建设，使以煤矿业为主的小城一跃成为挪威重要的旅游城市
1990年	德国 波茨坦	瑞士色彩学教授维尔纳·施皮尔曼主持了该地区的城市色彩规划，以德国特有的中明度和中纯度暖色调的建筑色彩传统为基础，城市主色调定位于沉稳的氧化红色系和赭黄色系，灰色系、本白色系、白色系作为城市辅助色系，蓝色系则充当了点缀色
21世纪初	韩国	在实地调研的基础上对现有高层住宅的外观色彩形象进行了提炼，筛选出208个标准色，并通过对计算机色彩模拟建立的评估场景的分析与评价，得出一套色彩搭配体系及色彩规划指南，用以指导设计和保证高层公寓外观最低限度的色彩协调
1970～1972年	日本 东京	形成《东京色彩调研报告》，并在此基础上诞生了世界上第一部具有现代意味的城市色彩规划——《东京城市色彩规划》
1976年	宫崎	对自然协调色的标准进行研究
1978年	神户	颁布《城市景观法规》以限制城市色彩的运用
1978年	广岛	成立了城市色彩管理指导创造景观美规划委员会
1980年	川崎	市政府为海湾工业区制定了《海湾地区色彩设计法规》，并规定该区域的建筑每7～8年重新粉刷一次
1981/1992年		日本于1981年和1992年分别推出了"城市规划的基本规划"并以立法的形式提出了"城市空间的色彩规划"法案。规定色彩专项设计作为城市规划或建筑设计的最后一个环节，必须得到由专家组成的委员会的批准，整个规划或设计才能生效、实施
1994年	立川	吉田慎吾主持了该市法瑞特区的色彩规划，确定安静、中性的复合色谱作为实施方案
1995年	大阪	制定《大阪市色彩景观计划手册》，为大阪市的色彩建设提出了指导性的条例和建议，规范和控制了建筑的色彩设计
1998年	京都	对该市的广告、路牌、宣传栏等内容进行了专题调查与研究，减少高彩度广告
2004年		日本通了《景观法》，以法律的形式规定城市的建筑色彩及环境

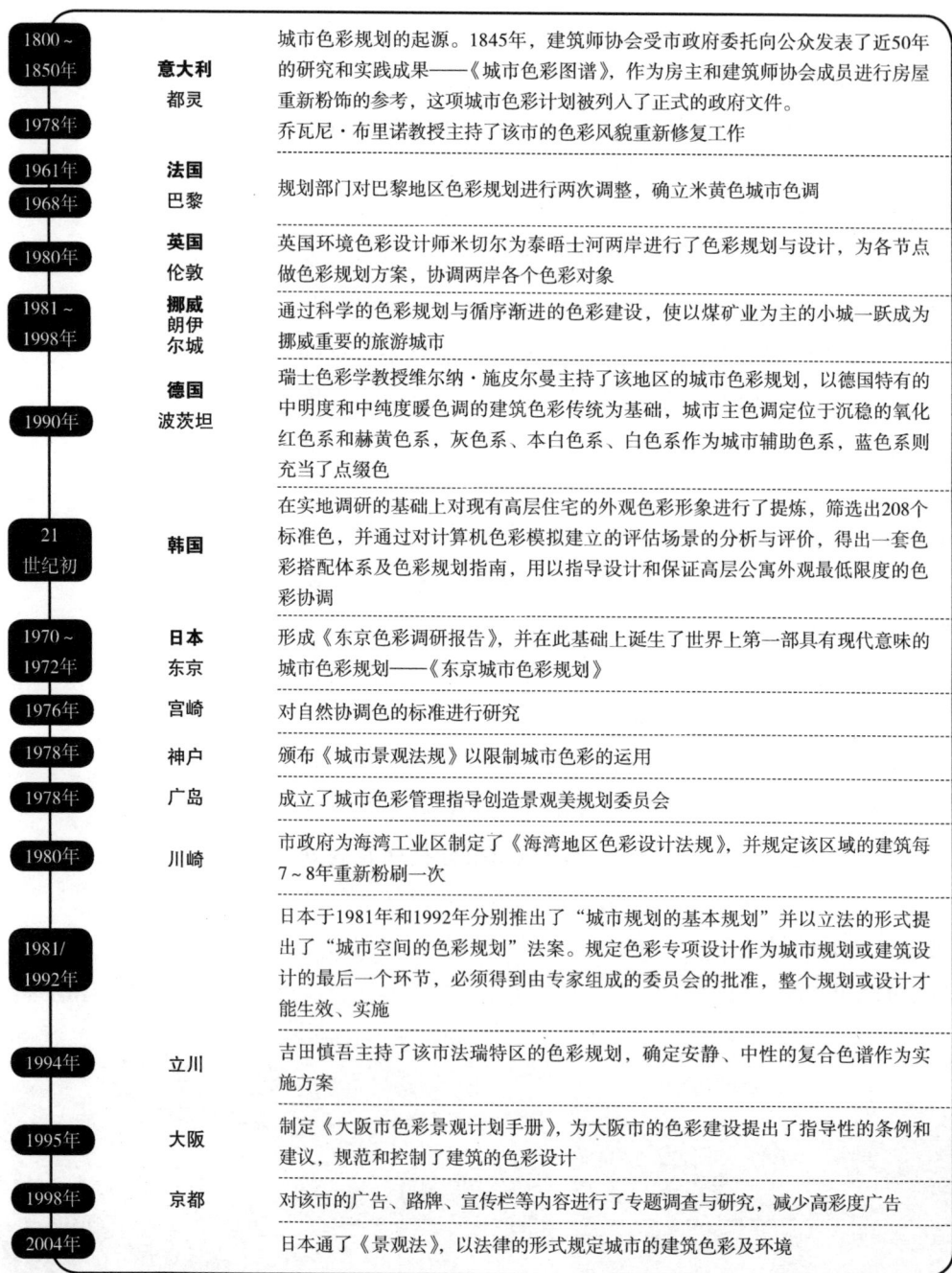

图1.5 国外城市色彩规划研究项目

2. 国外色彩研究机构

国外著名的色彩研究机构遍布于二十多个国家，总数超过三十个，其中比较有代表性的机构如下：

1）国际色彩顾问协会（The International Association of Color Consultants / Designers，IACC）

1957年成立，组建于荷兰，囊括全球各地的建筑、设计、艺术、色彩学者。IACC创立的宗旨是协调色彩与人工环境的功能目的，研究色彩与文化，关注色彩与受众生理、心理感受的关系。IACC机构的成立标志着以提高人居生活环境为目标的色彩设计研究行业专业化的开始。

2）国际色彩协会（International Color Consortium，ICC）

1933年成立，是以色彩为研究主题的国际性组织，由24个常务会员国组成。该协会的主要工作为建立标准化的色彩管理系统，鼓励跨平台合作。每年由协会中不同的国家承办国际性色彩研讨会，每间隔四年举行色彩专题会议。会议内容涉及色彩的不同主题的学术研究探讨以及相关作品的展示。中国作为常务会员国之一，以"中国色彩协会"为代表参与每次的研究和活动。

3）国际流行色委员会（International Commission for Color in Fashion and Textiles）

1963年成立，由英、法、美、日等16个国家联合组建于法国巴黎。该委员会是国际色彩趋势方面的领导机构，致力于研究色彩流行趋势，每年召开两次色彩专家会议来选定、预报当季流行色。

4）日本色彩研究所（Japan Color Research Insititute）

1927年成立，主要从事"日本国家色彩标准（JIS）制定、色彩设计、色彩心理学研究、色彩技术和设备研究以及色彩教育和色彩资料出版等"[1]。在色彩领域内具

①http://www.cbcc.com.cn/海川色彩数字科技网

有一定的权威，日本政府多委托该所进行公共景观和环境设施的色彩设计。同时，该所还为日本政府举办的色彩资格论证提供技术支持。

1.2.2 国内研究现状

20世纪90年代，我国的城市色彩研究和规划实践开始起步。2000年8月，北京市政府率先在国内召开了有关城市色彩建设的主题研讨会。历经多位专家的多次研讨，最终确立用以灰色调为本的复合色对北京市建筑物外立面进行粉饰，用色目的是创造大器稳重、素雅和谐的城市色彩环境。

2001年，辽宁省盘锦市委托北京西蔓色彩公司对辽宁省盘锦市进行了我国首例城市色彩规划。为实现规划的系统性与应用性，在对盘锦市进行色彩规划的过程中，西蔓公司特别邀请日本色彩策划中心携手共同完成该城

图1.6 北京经济技术开发区城市色彩规划
（来源：http://www.ximancolorcity.com）

市的城市色彩规划。这是首个由中国本土色彩公司策划
并邀请国外相关专家参与的城市色彩规划案例。

近几年，全国各地的城市色彩建设如火如荼，南京、
西安、杭州、重庆、广州、无锡、永安等城市陆续进行
城市色彩规划实践。2012年，宜昌、贵阳等城市开始向
市民征集主色调建议，兰州、嘉峪关等城市开始编制色
彩规划。一些城市已经完成主色调的确定。《白银日报》
报道，甘肃省白银市首次为城市统一"着装"，灰白色、
赭石色为主色调；浙江在线报道，临海城区建筑未来主
打色调为暖灰淡青。河北省保定、江苏省无锡等城市相
继出台色彩管理办法。2012年10月，福建省福州市整治
环境试点"平改绿"，决心让一条街有一条街的色彩。
2008年的苏州城市色彩规划参照吴冠中笔下的苏州印象，

国内已进行城市色彩专项规划的主要城市 表1.1

规划时间	项目名称	编制单位	主持人
1998年	深圳华侨城欢乐谷建筑与环境等色彩设计	中国美术学院	宋建明
2001年	辽宁省盘锦市城市色彩规划设计	西蔓·CLIMAT	于西蔓
2001年	温州市城市色彩规划设计	中国美术学院	宋建明
2004年	哈尔滨市城市色彩规划设计	哈尔滨工业大学规划设计院	
2006年	澳门城市色彩调研与规划研究	中国美术学院	宋建明
2002~2003年	龙泉市城市色彩规划设计	中国美术学院	宋建明
2004~2005年	宁波镇海区城市色彩规划设计	中国美术学院	宋建明
2005~2006年	杭州市城市色彩调研与规划研究	中国美术学院	宋建明
2006~2007年	广州市城市色彩规划设计	中山大学	郭红雨
2007年	厦门市两大片区城市色彩规划"黄厝片区城市设计导则（建筑色彩、屋顶形式专题）；五缘湾片区城市设计导则（建筑色彩、屋顶形式专题）"	中山大学	郭红雨
2007年	大同市城市色彩规划设计	西蔓·CLIMAT	于西蔓
2008年	苏州市城市色彩规划设计	中山大学	郭红雨
2008年	长沙市城市色彩规划设计	西蔓·CLIMAT	于西蔓

（来源：本研究整理）

图1.7 （上左）苏州城市色彩推荐色谱与吴冠中笔下的苏州[19]

图1.8 （上右）苏州城市色彩控制层次及特殊控制区色谱与图谱[19]

图1.9 （右）长沙市城市色彩规划
（来源：http://www.ximancolorcity.com）

有较为鲜明的城市色彩特征。2009年的长沙城市色彩规划采取了去除噪色的方法，避免了杂乱的城市色彩。

目前，国内城市色彩设计与规划在实践中取得了一定的进展，反映了人们对城市人居环境质量提高的迫切需要，同时也因缺乏系统理论的指导，急功近利的实践造成了一些负面影响，如城市色彩缺乏秩序感，建筑色彩生硬，建筑与建筑之间、建筑与环境之间缺乏色彩的基本联系和协调，对城市景观造成破坏甚至对人们的生理、心理感受产生不良影响。"城市保护"这个设计命题推动着城市设计的研究，城市色彩是城市不可或缺的一部分，但却缺乏完整的城市色彩设计方法。因此，对于城市色彩设计理论的研究探索是必要且紧迫的。

1.3 思路与方法

针对城市色彩形象识别设计，以城市色彩与城市主体间的关系存在作为研究重点，综合艺术设计与哲学的研究方法，形成完整的理论体系及翔实的操作方法。

1.3.1 思路

从人文角度研究城市色彩的社会属性，即城市色彩与人的关系，重点研究城市色彩污染的源头，探寻现代城市主体缺乏归属感的深层次原因，寻找解决办法，并以此为出发点，阐释城市主体何以能够达至诗居生存状态，并以此来指导城市色彩形象识别设计，使城市主体认同该地域的文化色彩，获得心灵的慰藉。

一个城市历史文化结构中有其不变的人格精神（或称文化基因），而其中关于良善和纯真的理念，即是塑造独特城市色彩的关键。理想的城市色彩是使城市主体达至其天性中的良善或纯真精神理念显现（识别）的路径之一，从而体悟到诗居状态的自我存在。

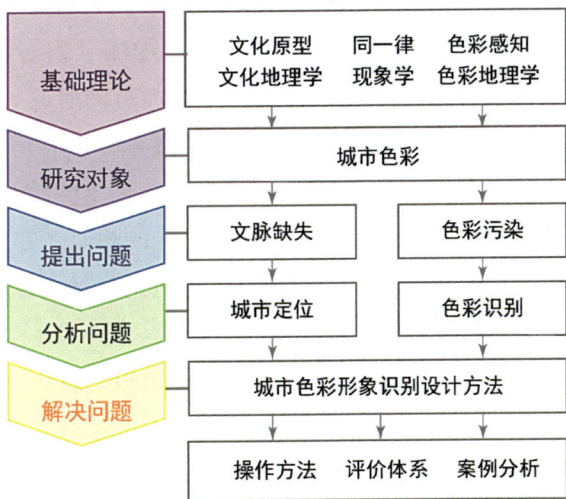

1.3.2　方法

综合实证主义、人本主义、符号学、现象学、审美主义和存在主义等理论，对城市色彩形象识别设计的重要性、可行性及必要性作深入探究，并形成一套以人为本、操作科学的系统性方法论。

1. 实证主义

实证主义是将收集的信息加以概括总结，对从经验上认识的若干现象有关的某一特征进行陈述，用数学或统计学的形式来转化信息，以精确性、可重复性以及确定性的方式表达研究成果。

"任何一门学科都应当拥有一种实证性的基础。"[20]本研究结构上采用了实证主义的方法，运用在如下几个方面：城市色彩文献的综述，研究方法的导入及对成果的评价[21]。关于城市主题文化的评价及城市色彩现状的调研也运用了实证主义的方法，运用数据信息对结果进行考量和总结。

2. 人本主义

人本主义倡导终极关怀和本体追求，反对科学方法的独断性和普效性，主张重视想象、隐喻、内心体验、无意识探索和解释学等，强调人本来面目的研究。[21]在人文问题上，倡导从诗性的途径去把握具有感情、直觉、欲望和意志自由的人。"愈是深入地研究艺术的结构，就会愈加清楚地发现艺术结构与生命结构的相似之处。"[22]这两种结构之间的类似，使城市色彩更是一种生命形式，是创造而非用机械的方法制造。

运用人本主义来进行城市色彩形象识别设计，把城市色彩作为有思想的人的理念显现，强调还原人的本来面目，目标是认识人类活动的真实性质。

3. 符号学

符号学是一门研究符号，特别是研究关于语言符号的一般理论的科学。城市色彩是一种传达城市精神的语言，不同的文明、文化和情感交汇于此。这里将符号学中"能指"与"所指"的概念运用于城市色彩意象的表现之中，城市色彩的"能指"唤起城市主体的联想，"所指"便于城市主体的认知与记忆，使得城市主体对城市色彩予以更好的感知。

4. 现象学

现象学的一个最重要的目标是"面向事情本身"。现象学的认识论特征即企图不再以由现象导向本质，而是由外部联系进入内部联系的"诱导深入"的过程，这样可以把握事物本质与规律。"面向事物本身"的呐喊，"本质直观"和"面向事情本身"的提出，确定了哲学认识论的设定：即"符号—形式"蕴涵着内在结构和价值定义，作为后者的载体，它们不仅将后者外化显扬，而且自身也并非可有可无，而是价值无比。

研究运用胡塞尔的现象学将城市回归到"场所"，从"场所精神"中获得城市色彩最为根本的体验。场所不是抽象的地点，而是由具体事物组成的整体，色彩的集合决定了城市环境特征。运用现象学探究城市场所的"精神"，通过城市色彩形象来营造场所感。

5. 审美主义

审美主义并非仅仅关注艺术问题，而是一种哲学，一种以审美活动作为生命活动的最高价值取向的思想。尼采（Friedrich Wilhelm Nietzsche）哲学的主题是生命的意义问题，他对这个问题的解答是："靠艺术来拯救人生，赋予生命以一种审美的意义"[23]。尼采的审美主义的启示是：在今天知识和信息爆炸的时代，更应当对城市主体的生存问题保持敏感。对于城市主体的生存而言，生命的价值不容低估，必须确定价值的次序和等级，肯定生命价值的最高位次。以此为支撑，这里提出生命价值的最高层次——诗意地栖居，研究的目的定位于使城市主体与城市色彩形象同一，达到艺术化生存状态，即存在的状态。

6. 存在主义

存在主义（Existentialism）又称生存主义，最初由法国学者马塞尔（Marcel Duchamp）提出。存在主义可以指任何以孤立个人的非理性意识活动当作最真实存在的人本主义学说。存在主义以人为根本，充分尊重人的个性和自由，认为人是在无意义的宇宙中生活，人的存在本身也没有意义，但人可以在存在的基础上自我造就，活得精彩。

根据存在主义以人为中心、存在的价值，提出"识别"的城市色彩设计理念，以城市主体为根本，注重城市主体个性的发展和意识的自由。通过城市色彩识别使城市主体达到存在状态，实现城市主体的自我价值。

第二章
诗居城市阐释

现代城市如同一台无法停止运转的物欲机器。城市主体在享受人类创造的，前所未有的丰富物质及高科技生活便利的同时，物质欲求永不餍足，并不断被炮制出新的需求，追逐物欲的步伐稍有懈怠，就会给人们带来无法满足的心理缺失，因而，城市主体的幸福感提升缓慢。同时，城市主体的感情也将不可避免地被商业机构模式化，甚至格式化而逐渐趋同。在城市的发展上，人类已经到达了一个历史性的转折点。有史以来，人类第一次在建造城市的技术方面几乎不受限制，人类可以建造出任何城市，只要人类知道自己想要什么。在这种摧枯拉朽的技术面前，唯有诗意的栖居才能抚慰现代城市主体苍白而浮躁的心灵。诗居城市是对城市主体灵魂意识的关爱，它使城市主体能够达至艺术化生存的状态，不再饱受技术化社会的遮蔽。

2.1　城市析义

自远古以来，人类从茫茫荒野之中走向聚居，进而筑建城市，城市的建造已成为人类最伟大的进步之一，更意味着一种文明进步的跨越。追溯"城市"的本义，城市的含义总是与生活于其中的居民息息相关。英文中，city（城市）与citizen（公民）出于同一个词根，意味着城市兴起于聚集的人群。中国古籍文献中，"城"与"市"本是两个不相同的概念。城为"御敌围墙"，指城墙环绕四周，是古代作战的防卫设施，偏于政治性；市为"交易集市"，指商品货物聚集、买卖贸易的处所，偏于经济性。随着时间的推移，涌入城市的人口不断增多，商业化的买卖贸易随之发展，城与市的概念就渐渐捆绑并交融于一体，于是产生了"城市"这一整体性的概念。

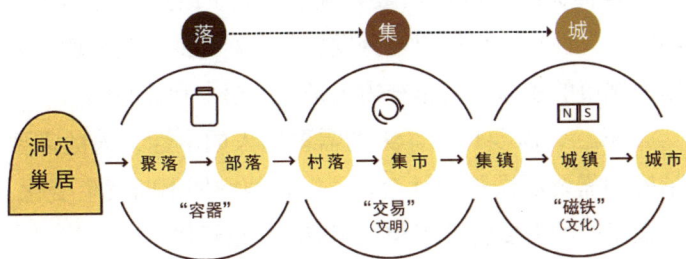

图2.1　城市演化

人们对城市的认识过程从城市诞生那一刻就开始了。从古至今，由中及外，对城市进行积极探索的学者涉及了各个领域。美国著名学者刘易斯·芒福德教授（Lewis Mumford）指出，"城市是一种贮存信息和传输信息的特殊容器"[24]，同时强调，"城市应当是一个爱的器官，而城市最好的经济模式应是关怀人和陶冶人"[24]。我国城市学者梅保华和江美球也明确指出："城市是以人为主体，是人口、活动、设施、物资、文化等高度集中并不断运转的开放的有机整体。以人为主体是城市的根本性质"。[25]时至今日，纵然人们的认识观点互不相同，但学术界的主流思想已逐步趋同于这样一种观点，即城市不是物质堆积的环境，而是人的聚合，是一种具体实在的社会形态。城市作为地缘共同体的人类家园，其主体理应是人而不是物。国内外各领域专家学者在长期的学术研究及社会实践中逐渐确立了人在城市中的主体地位，城市应以人为根本，人类对城市本质的探讨就此向前迈进了一步。

2.1.1　城市构成理论

有关城市的本质由以下三大理论构成[26]：

第一，人性理论。城市本质强调人是城市的主体。

此处所揭示的人是指城市条件下人的变化特点。"最初，城市是神灵的家园；而最后城市变成了改造人类的主要场所，人性在这里得以充分发挥"。（刘易斯·芒福德）人作为城市的主体，其精神需求是最为根本和核心的。

第二，需要理论。人的需要即人的本性，人的需要结构和需要层次随着社会物质财富的增加不断发生变化，需根据人的需要特点来构筑相应的城市环境。

第三，环境理论。人创造环境，环境也创造人。人工环境本身是人的行为和意识的产物，城市环境一方面体现了人化自然，满足了人的需要，另一方面又对人具有重要的影响和作用。只有承认环境的重要意义，人类才能对环境肩负责任。

2.1.2 城市本质

关于城市，中外学者进行了大量细致的研究工作。"城市本质"这一问题看似简单，其实不然。目前，在研究城市本质这个问题的文献中，还难以确立一个能够得到所有人认可并且相对完整的定义，其原因就在于城市实际上是一个复杂的社会系统。城市概念的多学科性，致使各个领域的学者从各自专业角度出发进行城市探究，很难达成共识。但是综合众多学者的观点，结合城市本质构成理论对城市的剖析，至少可以得出以下认识。

1. 城市是社会复杂的系统

城市并非单纯的物质现象，也非简单的人工构筑物，而是一个涵盖物质与文化，体积庞大而且功能复杂的社会系统。"城市是自然的产物，尤其是人类属性的产物"。[27] "城市是一种心理状态，是各种礼俗和传统构成的整体，是这些礼俗中所包含，并随传统而流传的那些统一思想和感情所构成的整体"。[27]城市不仅体现着它所具有的物质功能，而且体现着社会发展的复杂进程，包含着深刻的文化意义。迈克尔·霍夫（Michael Hough）认为："如果城市设计可描述成一种作用于城市生活质量的艺术和科学，那么，为了使人类生活场所更加丰富多彩和文明健康，就必须重新检讨目前城市形态构成的基础。"[28]

2. 城市是物质文明的容器

城市是由空间、时间、意识和价值观构成的文化的象征。城市的深层内涵是它的精神特质，城市的发展保存着各个历史时期的印痕，传承着民族文化的基因，保留着人类文明发展的脉络。法国文脉主义者把城市当作一个并置的、形式和空间之间对比的复杂系统，这种对比丰富了每个有组织区域的意义。[29]在各个历史时期，不同国家和地区的城市历史中都能找到人的生命延续的痕迹，即城市是人类生命总和的体现。正是这种生命之和才使城市得以诞生，又使城市历经沧桑变革以致延续几千年之久。因而，城市存在的意义不在于它的物质形式，而在于它的传播和延续文化功能的作用。城市有包含各种各样文化的能力，这种能力，通过必要的浓缩凝聚和储存保管，也能促进消化和选择。"风雅伴随城市而生，与城市历史一脉相承，它延续城市历史，并构建城市文脉。"[30]

3. 城市是人们精神的家园

罗西（Aldo Rossi）将城市整体视为"人类最杰出的创作"[31]。对于城市主体而言，城市不仅仅是建筑、街道、广场、桥梁等物质构成的环境，而且是一个蕴涵情感、承载文化的有机体。城市主体对于城市的可触可感关乎于日常的生活，这种点点滴滴的感知久而久之构成了城市的神经与活力，使得城市成为一个具有生命力的活体。因而，城市集合了城市主体从始至今的心灵感受，是由地域传统习俗、文化特征、思想情感共同构成的有机整体。城市不仅起到空间容器的作用，更是城市主体的精神家园，这种家园感构成了生活于此的城市主体的集体无意识。因此，一个城市的追求、一个城市的性格特征，对于城市主体的行为品德、道德素质以及看待世界、看待社会的价值观都具有极其重要的影响。文化人类学者R.雷德菲尔德（R.Redfield）指出，"城市的作用在于改造人"[32]。城市不仅要注重居民的物质生活，更要注重人的全面发展，注重成为全体市民精神的家园。

事物的本质可以描述为定义该事物的特征，也就是它自身根本的质，城市的本质须能反映城市的独特性。城市是文化的归极、人类的家园，其本质是人类为了满足自身生存和发展需要而创造的人工环境。城市本质上是人为的，也是属人的，不仅要认识到城市中人的主体地位，更要认识到人的属性，由此而来城市不能仅限于满足人的生存需要，更要具备满足人精神发展需要的种种条件和环境。人们之所以渴望居住在城市，是因为城市可以更多地满足人的发展[26]，更确切地说，人类找到了能够满足自我存在、自我圆满的聚居形式——这就是城市，其特征体现为"容器"和"磁铁"；"容器"相当于城市容纳了所有的物质文明，"磁铁"相当于城市具备精神文化的吸引力，吸引人驻足于此。

图2.2 城市的本质特征

交

● 容 器
（文明）

磁 铁 ●
（文化）

换

2.2 城市主体生存状态

现代性可以说是统一了全体人类，但是它是一个似是而非的统一体，一个不统一的统一体；它把我们所有人都倒入了一个长期不能整合与更新的大漩涡——斗争与矛盾、暧昧与痛苦的大漩涡。成为现代，就是成为如马克思所说的世界的一部分："一切固定的东西都烟消云散了"[33]。城市主体的生存状态也因此较以往发生了巨大的改变，探究这种状态的表现及原因，是以人为本的城市色彩形象识别设计的基础。

2.2.1 城市现存问题

第一，城市个性丧失。现代科技的飞速发展，犹如一柄双刃剑，一方面使得城市化规模不断扩大，另一方面也使得城市科层化①倾向日益严重，各种繁杂的机构和组织使得城市的管理和运作效率低下，并且随之引发一系列相关问题。

纵然城市现代化进程让人惊叹，每天数幢钢筋水泥大厦拔地而起，成片平房被推倒。但是在这种速度感的背后，城市面貌日趋千篇一律，这种单面貌的城市规划还在吞噬着以历史街区、历史建筑为标志的城市空间特色和民族特色，导致我们城市特色的消失和历史文脉的断裂。柯林·罗（Colin Rowe）指出，"现代建筑并没有导致一个更为美好的世界"[34]。新左派之父、哲学家马尔库塞（Herbert Marcuse）在1964年发表了代表作《单向度的人》[35]，书中把发达工业社会称作"单面社会"，并把生活于其中的人称为"单向度的人"，单向度的人不再追求与现实生活不同的另一种生活。在一个高速发展的现代城市中，文化传统逐渐缺失，物质堆砌却渐趋井然有序。城市的多样性在工业化的作用下不只趋于西化，还被简单划一地缩略为失去地理跨越感和历史跨度感的"格子"。在我们一再将工业制造产品放上货架之时，我们最终也会被工业制造成产品放进城市的钢筋水泥格子中。于是，单向度的人便产生并存在于单向度的城市中。工业社会的技术发达遮蔽了城市主体内心的个性、批判

① "科层化"（Bureaucratization）是社会学大师韦伯（Max Weber）提出来的一个社会学概念，表示现代社会组织已经进入由科学和制度领导的理性社会，它反蒙昧主义，并且具有专业性的组织。

性及超越自我的向度，使技术化的社会成为了一种单向度社会。因而，生活于此的城市主体变为了单向度的人，自由和创造能力在这种遮蔽下丧失，本体个性被隐藏或消解，城市主体不再追寻与当下现实生活迥然不同的另一种生活、另一种自在的感受。

第二，城市精神失落。随着工业化时代的到来，现代城市的建设愈来愈依赖于技术。由城市封围形成的城市容器不仅被冲破，还在很大程度上消减了它的吸引力，人们目睹城市的优势在某种意义上退化为一种杂乱无章和不可预知的状态。简单地说，当代的技术文明正在失去人的控制，正在被技术文明自身过分丰富的创造力所淹没。事实上，科学技术日新月异的发展，在给现代城市生活带来极大便捷的同时，又把整个社会置于钢筋混凝土的环境当中，遮蔽了人内心的情感，阻隔了人与外物的感性联系。

现代化城市建设作为一项不断颠覆现有行为方式的进程，使生活在现代城市中的人在享受高度便捷的同时，也面临着身份感模糊和归属感匮乏的困境，认同问题在现代社会凸显出来。生活在全球化背景下的城市主体普遍感到莫名的焦虑、浮躁、无根系，城市主体迫切需要寻求灵魂的安妥和归属处所。正如当代英国政治哲学家迈克尔·奥克肖特（Michael Oakeshott）所言，现代城市进程摧毁了"人在共同体的紧密结合中彼此承认的伙伴身份，以及透过集体目标来认同自己的深刻满足。在这一过程中，人逐渐被推向一个既冷酷又充满敌意的世界。在这其中，彼此相互陌生的人从事着各种交易活动。从此，这样的一个世界凌驾了社群的亲昵与温情"。[36] "虽无脏乱困扰，却给我们一种纯净的烦恼……只要看看这些新城或最近的住宅开发项目，就可以明白我们的精神有多失落"。[37]除了利益和良好的意愿，认同感的缺失、归属感的消逝，使城市主体缺乏凝聚力，缺乏团结的力量，城市因而变得孤独冷漠。"善待市民和他们珍贵的户外生活"[1]，是设计者的职责。

第三，城市认同危机。城市认同危机是与城市识别性有关的危机。"认同'问题'是当代社会出现和发展的中心"。[38]如今，"注意力转向内部，越来越多的人意识到自己有认同问题"[39]。当代认同危机是城市主体自我归属感、身份感及认同感的丧失，也可以说，是"自我价值感、自我意义感的丧失"[40]。城市认同危机是城市主体的危机，当代社会中，深陷认同危机的城市主体自我身份感逐渐丧失，这对城市主体的自我评价、自我实现和自我发展造成非常致命的影响。在现代社会的背景之下，个人的无意义感，即觉得生活没有提供任何有价值的东西的感受，成为根本性的心理问题。从集体的社会认同那一面，可以看到个体的独特的认同，反之亦然，"社会认同永远不是单边的"[41]。

由于今天技术与财富的泛滥，对大多数人来说，生存已不再是唯一的奋斗目标。较之传统社会，人们在物质财富方面极大丰富，其生存条件比前辈人有了极大改观，但是生活于安逸环境中的现代人，却在个体方面遇到了前所未有的挑战。在这样的环境中，人们开始思考他们生存的意义和本质。这时，他们常常发现自己为这一类问题所困惑，诸如："我是谁？我正走向何方？为什么我要去那里？我所干的一切意义何在？真的有必要吗？"因缺乏自身的身份认同感，这些问题往往不知如何回答。

2.2.2　现存问题原因

"城市病"的出现，抱怨围绕着"自我的丧失"，或空虚、平面、无归属、缺乏目的，或失去自尊。[42]何以至此，种种城市问题现象背后的原因又是什么？

首先，城市化定义与本质的混同。目前的相关研究，把城市化的基本特征或城市化的定义与城市化本质混同起来，并把很大的注意力放在研究城市化的特征上，忽视了其本质和本质的特征；仅注重研究城市化的客体物质化过程，忽视了针对城市化中人的主体行为和人的城市化、社会化的研究。"资本积累的物质表现就是城市空间的变化；我们可以将这种变化看成是破坏（贬低）和建设之间的净平衡"。[43]究其本质，城市化是一个以人为中心的系统转化过程，应把人为的、建造的环境看作是可以灵活从事的领域，须使之适应人类行为的要求和社会需要，适应地球生态互相依存的关系以及微生态条件。人为的、建造的环境应该照顾到各种社会集团，并考虑到对环境的各种不同看法，注重人与环境互动关系的研究，充分认识到环境对人的巨大影响和作用。

其次，城市地域文化的掩埋。文化用共同的语言、习俗、行为和思维习惯让城市主体维系在一起，代表整个社会所广泛认同的价值观。倘若城市轻视了自身的文化，就失去了自身的个性特征，乃至失去了城市的精神和灵魂，从而导致城市只具有物质的空壳，城市主体倍感空虚，更无认同感。

人们在谈到文化和文化之间的交流，谈到人文中心主义和文化相对主义、理所当然性和优越感时，他们的思想和观念是从一个基本点出发的，即在故土或在家和在外的区别。在故土意味着温暖、安全感、稳定感，是自然的无拘无束的氛围；在外则相反，虽然具有一定的诱惑力，但同时意味着威胁、冷漠、危险和陌生。

如果两个人一起到一个陌生的城市，那么对于这座城市来说，他们俩都是陌生人。陌生的即尚不知道和不熟悉的，这是与经验范围里的相互认识和相互熟悉相联系的，原则上来说，这种认识和熟悉是可以实现的。陌生即最终仍无法辨认的，是指对观念的某一范围来说超越感官经验的外部因素，这些外部因素原则上来说是在人的认识能力以外的。陌生的即可怕的，与所熟悉的人和事物所带来的安全感形成对比，当然，这里也指自己和所熟悉的人和事物也会变成可怕的。当熟悉的变得异常和可怕时，内和外的界限便开始偏移。

城市地域文化的丧失，使得城市主体熟悉的家园逐渐变得陌生，熟悉的文化被不熟悉的新科技所替代。城市主体因此处于一种中间状态，有一种哪里也不是家的感觉。城市色彩承载着地域文化，城市色彩形象所体现的地域文化越具有代表性，城市主体通过对城市色彩的感受，与城市的文化距离就越小；若城市色彩形象与该地域文化的共同点越少，城市主体与城市的文化距离越大，就越容易产生误解或不理解，致使对自身所在的城市产生陌生感。

为了体现城市的地域文化，就必须将该地域每一种具体的文化与其他文化一一比较，从而找出文化间的共同点和区别。通过城市色彩形象识别设计对城市垄断性的地域文化加以诠释，还原城市主体一个熟悉亲切的家园。

第三，城市识别性的忽略。城市环境不断趋同，越来越多的非地方性景观提高了存在的表象作用，使得人们感觉不到归属感，因此也就对他们的环境漠不关心。空洞乏味的地区，挤满了空虚的灵魂，一味地追求享乐，似乎他们生存的主要目标就是忘却。与此相反的是那些独特的地域环境感受，它激起人们的归属感。失去了原有疆界、被控制的城市区域会进一步消解城市主体的同一性，从而弱化城市的识别性。城市通常用自我、集体和他者这些关系来控制识别性的意识。如果说自我代表了城市主体个人的同一性，那集体就是依赖于共同地域关系集结的同一性，他者也就相当于城市的外人。如果城市在这一意识过程中的中介作用消失或停止了，城市主体的同一性也就失去了固有的稳定性，随之导致的对生活地域归属感的丧失会使整个社会愈发迈向异化，这种无所归依的感觉使城市主体倍感焦虑孤寂。

随着人们对科技、功能、机制等理性特征研究的不断加深，非理性特征与人的创造性根源的关系却在不断衰减。城市识别中，人对城市的认同在视觉思维中发生作用的时候往往是循序渐进的，温和的，合乎逻辑的，有分寸感的和改良性的。城市形象识别的景观、色彩等语言表达不当或被忽略，就会使城市主体忘却自己的身份，无法找到自我。自我则展示着驱使力、激情、憎恨、欢乐、希望、见识和忧虑，而城市形象识别性的忽略就会使城市主体缺乏这些东西。激情、热情是城市主体强烈追求自己的对象的本质力量，城市形象倘若没有显现城市主体的感情，城市主体就无法实现对自我的追求。

科学技术理性支配下的现代城市陷入危机和困顿，正如爱因斯坦所言，科学只能说明是什么，而不能说明应当是什么。价值理性的缺位、特色渐淡、城市趋同，应该正是现代城市病的病因所在。既然城市是人为的，而不是自在的，那么城市之于人的关系也就不是外在的，而是内涵于人与社会的内在本质及构成之中的；既然伴随着工业化而来的城市化进程给人类带来了诸多的城市病，那么，对于新一轮城市化进程来说，人们究竟又应该做何选择呢？城市的未来发展又该何去何从呢？

2.3　城市发展进程

根据城市的发展进程对城市有如下分类：宇宙的城市，一个社会等级的空间图解；实用性城市，对相关部分进行功能性组织；有机的城市，一个不可分割的、活着的有机体。凯文·林奇（Kevin Lynch）设立了三个类别，即三种"标准性模式"。他的分类与政治和经济秩序的关联较少，而更多地是与城市原始意向或者说城市的自我理解相关[44]。从城市的形成到现在，城市发展历经了多个时期，对城市发展方面相关理论的研究及城市发展阶段的探索，可以确立城市未来发展的方向。

2.3.1　未来发展理论

1. 理想主义时期

古希腊的亚里士多德曾经提出过理想城邦的城市概念。其观点是城邦的至善，以个人至善为原则，应满足充足的财富、健康的身体、高尚的道德。莫尔（Thomas More）的《乌托邦》，主张人有充裕的时间从事精神上的自由开拓，并非追求物质生活和享乐。他认为，人的快乐有两类：一是人能充分感觉到的愉快，一是人充分享有的健康和精神上的快乐。康帕内拉（Tommaso Campanella）的《太阳城》，包含文化和生态理念，将城市生态环境和历史文化环境结合为一体。[45]安德里亚（John Andrea）的《基督城》倡导"充满人道主义、集体主义、平等主义、现实主义精神"[46]。

2. 理想主义与现实主义结合时期

霍华德（Ebenezer Howard）在《明日的田园城市》中强调以"人的尺度"为依据，建立一种有机的城市，指出当个人才智被唤醒时，他们的心中将充满一种新的自由、愉快感，从而可以在一个既能从事集体活动，又能享有最充分个人自由的社会生活中，找到长期追求的自由和秩序统一、个人福利和社会福利统一的手段[47]。

3. 超现实主义时期

20世纪90年代以来，诸多学者对未来理想城市模式提出了不同的设想和构思。我国学者提出了未来城市的九种类型，包括信息城、全球城、地方城市、山水城市、步行城市、无汽车城市、健康城市、生态城市、绿色城市、可持续发展城市[48]。

2.3.2 城市发展阶段

人与城市关系变迁是城市发展过程中的必然现象，探寻这些规律对于我们思考未来的城市发展目标至关重要。纵观城市发展的历程，城市和人在不同的历史阶段呈现了不同的关系，可总结为三个阶段：

第一，自然而然——城市的诞生和初步发展。人类建造城市的行为经历了一个漫长的历史进程，从上古时期的"穴居而野处"到"筑木为巢"再到氏族时期的聚落、村庄，人类的居住环境一再改观，由自然慢慢地步入人造社会。随着私有制出现，社会第三次大分工以及王权、宗教的完备，在积极发展和人自身需求增多的基础上，城市慢慢地建立起来。在这个阶段，城市与人是一种共生的关系。热闹是城市的主宰，在城市的环境中，人类社会得到极大的发展：人们突破了乡村文化的限制，实现了不同种族、文化、技术、语言的融合；社会分工进一步加剧，形成了以国王为顶点的金字塔形社会阶层的构图，建立了社会等级秩序。

第二，惬意之城——封建城市的振兴与繁荣。汉唐时代，大统一局面曾使中国封建社会出现盛世图景，科技发达，经济繁荣，政治稳定，文化思想统一，海陆交通畅通，国际贸易繁荣，具有很强的国际声誉。中国古代城市两次大的发展并基本定型正是在这样一个广博、包容的社会背景下展开的，形成了一套封建社会的"治世"思想。在强大的儒学文化背景下，建成了突破政治功能的大一统郡县城市体系，出现过一大批特殊职能（如经济、宗教、交通等）的城市。这些城市都具有一定的规模，人口结构合理，市民多是消费性群体，城市是商业活动的中心。同时，在城市的选址、规划、风格、建筑艺术上都有较为科学的规划和独特的人文风格。城市的社会生活丰富多彩，交通发达，物质供应充足，娱乐活动多样，文化生活繁荣，城市居民彬彬有礼，极具大国气象。不仅如此，城市管理者制定了严格的城市安全、环境卫生、医药等制度，重视自然环境的保护并将其写入法律条文之中。都城附近，国家建造了大规模的皇家园林，王公贵族在城市内外也不断仿建。城市拥有成片的自然山林，并有人工种植的奇花异草和各种林木，城内外大道两侧遍植行道树并配有专人管理，民宅院落之内亦要求种植花草树木，形成了人人栽花、种树，热爱城市，爱护自然的良好风尚。一个城市应该是安全清洁、健康惬意、经济高效、吸引人、有生产能力、有偿付能力、构造良好且形式美丽，而且还与自然环境相互协调。毋庸置疑，唐代城市是适宜居住的，虽然它的发展具有历史的局限性，却承载了我们对美丽城市的梦想。

第三，物我不一——城市的异化。随着大工业的出现，近代以来城市发生了质变。城市人口激增，规模急剧膨胀，城市性质由消费地变成了生产地，城市资本的疯狂积累，使阶级矛盾加剧，大众的生活状况愈加恶化：城市生态失去了平衡，环境质量下降；城市用地与人口增长比例失调，贫民窟四处蔓延；公共设施供不应求，交通混乱不堪。当西方历尽痛苦完成城市化进程时，人们发现物质的改善并没有带来心灵的慰藉，工业时代的恐慌、愤怒、压抑和城市化进程中人的疏离、无措、猜疑使人们的情感失去了皈依，心灵失去了家园，城市带给我们更多的是人生路向的质疑。城市异化现象现今依旧是困扰我们的问题，天人合一是人的个性追求，物我不一必然带来人们对自身的反思。

城市的发展过程中，无限度扩张是由人类特性及物欲所决定的。人类特性发展的必然趋势会使这些建筑物和地区越来越难以控制，久而久之就逐渐形成了大城市既无设计，又无控制的人口组织和分布形式。城市的建筑、街道、布局处处都应体现出人性；城市的组织、环境特性、秩序特性，最终都是由人决定的。从城市的发展历程可见城市建设中的人性化是重中之重。城市首先应该是居民生活的重要载体，城市应该是一个生活的城市，是城市居民自己的城市，城市建设应该以人为本，居民的生活质量和环境质量应得到足够的重视，因此，"宜居城市"、"山水城市"的概念也就顺势产生了。

1. 宜居城市

宜居城市的命题是针对单纯"经济城市"的价值观念而提出的，反映人们的危机意识、环境意识的增强和对城市生活质量要求的重大变化，彰显人们的价值取向和城市发展观念的转变。"宜居"理念蕴涵着一个更深层次的道理，就是在保证适当发展速度的前提下，希望逐步改善生存环境，建立人际关系和谐、健康发展的城市建设新模式。实现"以人为本"的城市理想，建设宜居城市，可以说是我们中华民族文明历程中的又一次具有标志性意义的、在思想观念上的巨大进步。

宜居城市，在欧美国家多被称为"Livable Cities"、"Fine Cities for People"或"Better Places to Live"。在我国《辞海》中，"宜"者，合适、相称、适当也，"居"则有住、固定、停留、占有、积蓄、生存之意[49]。因此，所谓"宜居城市"，若单从字面上理解，也即适合于人类居住、生存的城市，生活在其中的人们感到舒适、方便、和谐，各得其所。若从理论上讲，"宜居城市"具有更多的内涵，其中包括：

1. 人与自然和谐发展；

2. 人口、资源和环境的规划配置协调合理；

3. 经济建设、人口增长与资源利用、生态环境保护具有良好关系；

4. 能正确处理好快速城市化发展与资源环境的矛盾；

5. 具有充分的就业机会和公平的创业及发展机会；

6. 空气清新、环境优美、生态良好，等等。

特别指出的是，宜居城市的标准具有主观性、多面性、复杂性、社会性（团体性）和地方性，在不同国家、不同地域、不同的经济和社会发展阶段以及文化背景下各不相同，或是存在一定差异。从现有资料看，美国PLC组织对"宜居城市"的定义较为全面，具有典型性：城市环境能激励和充分发挥个人在脑力、体力和精神方面的潜能，具有良好的教育、工作机会、住房和公共交通，空气清新和安全；鼓励人与自然和谐发展，保护自然资源和节约能源消耗，具有高质量的物质、社会、经济和文化环境；充分利用气候、地理、人文、历史等特质，通过规划设计能在城市物质环境营造中加以有效表达；在城市发展、规划和建设项目中鼓励和便于公共参与，有利于机会和选择的多样化、平等或平衡，如新与旧、大与小、闹与静、公共与私有。

2005年初国务院批复的《北京城市总体规划（2004～2020年）》，对"宜居城市"概念的表述是"创造充分的就业和创业机会，建设空气清新、环境优美、生态良好的宜居城市"，因此可以说北京"宜居城市"的目标至少包括四个方面内容：健康的环境、便捷的服务、充分的就业、安全的城市。中国城市生活质量课题组的研究以及其他民间团体或组织如《新京报》、北京锐智阳光信息咨询公司等关于宜居城市的调查显示："自然环境质量、交通的方便性、安全指数、城市公共设施、城市是否干净、整洁、无污染、空气质量、气候、园林绿化、社会治安和风气、就业机会、社会保障、医疗、教育、购物消费环境、物价指数、排外指数、城市个性化资源等是衡量一个城市是否适合生活、宜于居住的重要指标"[50]。

宜居城市的主要影响因素可概括为以下几个方面。首先，宜于居住的城市必须具有安全感。其次，方便和舒适。再次，适当的密度。宜居城市不但有舒适的居住环境，即良好的物质环境，同时还应该具备良好的人文、社会和经济环境，是人性化的城市，是"以人为本"的城市。共建一个充满和平、和谐、希望，尊严、健康和幸福的家园，是对宜居城市概念的全面而科学的理解和概括。宜居城市是城市发展的阶段性目标，主要是针对城市环境、城市功能的期许，并未围绕城市主体的灵魂及其心灵的归属感作更多的解析。宜居城市针对的是城市主体生存层面的问题，尚未过多探讨城市主体的发展，与城市的终极目标——诗意地栖居存在一定差距。

2. 山水城市

山水城市的概念最早是钱学森先生在1990年7月31日给清华大学吴良镛教授的信中提到的。信中写道："能不能把中国的山水诗词、中国古典园林建筑和中国的山水画融合在一起，创立'山水城市'的概念？"[51]自从1993年2月27日中国城市科学研究会等召开"山水城市讨论会"以后，"山水城市"引起社会的广泛兴趣。

吴良镛教授为"山水城市讨论会"写道："山水"指代自然环境（Natural Environment），"城市"指代人工环境（Man-Made Environment），山水城市是提倡人工环境与自然环境协调发展，其最终目的在于建立人工环境与自然环境相融合的人类聚居环境[51]。"山水"两字是人们对大自然的感受和艺术上抽象的概括，继承了中国城市发展数千年的特色和传统。关于山水城市的内涵，如今许多学者对此的解释已经超越最初山水城市的原意，将其向更深和更广的层面展开，已涵盖各学科对未来城市发展的期望与要求。山水城市追求城市主体与生活环境及自然的和谐，涉及居住功能、古代传统及生态自然。

山水城市的主要特征大致有以下四点：

1）山水城市是中国园林化的升华。山水城市不仅在构思立意上受中国园林的影响，在城市建设方面也参考了中国园林的技术方法，如古典园林中常用的"借景"手法。山水城市在构建之时，便借自然之景，将其巧妙融于城市之中，且城市之中任何人工景观与自然植物都采取整体安排，注重实体间远近虚实的相互协调，组成一幅幅美丽的城市山水画。

2）山水城市具有中国特色的山水文化。钱学森所说中国文化风格是吸取传统中的优秀建筑经验的风格。山水城市应该具有深邃的文化内涵，具有诗情画意，园林情、建筑意，这是东方文化特色所在，是中华文化的精髓。古代一些浓厚的山水文化信息，是寓于一些古籍和诗篇，经历代传诵，而得以广为传播的，山水文化实际上发源于此[52]。山水文化是中国古人在与大自然相处的过程中创造和积累起来的物质财富和精神文化。山水城市可模仿借鉴中国山水诗词中表现的美好意境,用有限的自然要素与人工建筑塑造深远幽静的城市特征,达到形神兼备的视觉效果。如吴冠中诠释杭州意象的作品,用城市山水画的形式表达了这种意境。

3)山水城市具有深刻的生态学哲理。它是从生态的角度研究和考察城市问题,其核心是处理好城市与自然的关系。在近代城市发展史上,我们在处理人与自然的关系上有违科学。随着西方工业文明的涌入,中国传统的自然观不再受重视,随着城市化的加速,自然甚至成为阻碍工业化迅速发展扩张的障碍。高楼林立、移山填海成为城市发展中普遍的行为,可是我们终究得到的又是什么?随着环境污染、生态失衡的加剧,人类确应反思,城市的建设目标究竟是什么?山水城市是这类思考的结果。人类不可能也不应征服自然,那正确明智的选择就是与自然和睦共处,实现和谐发展。山水城市所追求的恰是山水在城间,城在山水间,处处清新宜人,沁人心脾。建立生态平衡的城市环境,重新回归自然成了人们梦寐以求的目标和理想的境界。山水城市是这种生态平衡的城市的具体化。

4)山水城市是一种理想化状态。与其他未来城市理论相比,山水城市更多的只是一种构想,这方面的研究较为有限,并且缺乏足以解决现代城市弊病的系统性方案。面对现代社会的技术化特征,中国传统的自然观和哲学观可给城市建设以启示,但如何运用于现实的现代城市规划还需加以探索。山水城市作为一种城市构想,其理论尚不完善,但可从中获取对未来城市发展方向的启发。

综上所述，"宜居城市"、"山水城市"虽然侧重点不同，但其共同的理念都是以人为本，复归于环境的和谐、心灵的安逸。其目的在于为人服务，在于为人付出，在于使人感动，在于使人与环境友好相处。由此，我们可以得出这样的结论：对于城市发展的愿景，不单是要识别城市物质的形态，更需将注意力和研究点放在人的主体作用上，研究城市的主体——人的作用，需把城市当作一个有生命的整体来看待，使得城市主体能了解自己的社区、自己的过去、社会网络，以及其中所包含的时间和空间世界。这些象征符号不仅是特定文化的产物，也表达了共同的生命体验。城市的产生和发展都来自于人的生命力量，来自人的需要和欲望。根据马斯洛需要层次论，人的需求分为五种，像阶梯一样从低到高，按层次逐级递升，分别为生理需求、安全需求、情感和归属需求、尊重需求、自我实现需求，求知需要和审美需要居于尊重需求与自我实现需求之间。因此，市民的需求，既有物质方面的，如吃饭、穿衣、居住、交通等的需要，也有精神上和心理方面的感受和要求，如安全感、归属感、自豪感、满足感、舒适感等。人类在物质和精神方面的这些需求，无论哪一个国家或民族，无论城市建在哪里，都有相似之处，并贯穿于城市发展的始终。

经过比较归纳，可以得出城市主体在满足适当的物质条件后的需要层次：第一需要的是清清的流水、洁净的空气、蔚蓝的天空，以及人与人之间的和睦相处，人与自然的融合共生；第二需要情感上趋于交流，在文化上趋于延伸，在休闲的时间上趋于延长，自然生态和社会生态趋于融合；第三需要从城市的文化环境和物质环境的外在压力下解脱出来，从而过上一种能够解决"必需后"的相对自由的生活；第四需要以自己喜爱的，本能感到有价值的方式（多元化的文化价值观）去体会生命的本真意义，在内心之爱的驱使下，探索人性中的神性（真、善、美），过上一种"成为人自我"的"诗意"生活。

可见，"山水城市"、"宜居城市"是针对第一和第二个层级所作出的城市设想。宜居城市侧重于城市功能的人性化建构，山水城市倡导回归自然的理念。赖特把城市的形成和发展归结到内部自然。"自然不仅是指户外的云层、树木、风雨和走兽，同时是指自然界万物的性质和人的精神内在，是一种情绪和工具的性质、一个人以及他的内在方面。"[53]城市的自然赋予城市主体生命以形式和特征，并使其活着。诗居城市色彩形象识别设计中对城市色彩意象的把握需参考城市自然景观，具备山水之自然精神。

城市包含着人性的全部内容，是人性的产物，因此，使人达到自我实现、自我存在的状态便是城市发展的终极目标。这里所做的研究是针对第三和第四层级的需求而进行的城市特征的思考：既要具备回归本真的山水意象，又要具有城市主体诗居的城市功能。

2.4 城市发展目标——诗意地栖居

随着社会的发展和人类的进步，对城市的感知将渐渐地从物质转向精神，从经济转向文化。美国的城市学家刘易斯·芒福德在20世纪60年代就指出，未来城市建设的主要问题是如何把城市"物质上的质量"（Physical Energy）转变成"精神上的能量"（Psychic Energy）[54]。然而，事实却是诗魂诗意正在现代人的心目中消失。我们理应不断追问，城市主体在何种生存状态下才可以感动、宁静、认同、归属？在一个技术空前发达的时代，何种城市状态才能更适合人们去寻找一种"现代的诗意"？

在现代人这里，诗变成了花瓶一样的摆设。诗这个人类联想创生之地，不仅在一般人心目中消退，而且也在从事艺术工作的人那里消退。现代许多所谓的城市色彩形象，越来越变成没有诗意的技术性的制作。这种制作，不管怎样地花样翻新，由于缺乏对城市诗意的探寻，因而缺乏创造的生机。但是，城市主体躁动不安的现象却又隐含着人们对于诗意和诗魂的迫切渴望。

我们不仅需要悦目的城市、赏心的城市，更需要能够畅神的城市，以达到"诗意地栖居"，通过触及城市主体的灵魂，实现未来城市的目标——一个爱护人、关心人的城市，一个尊重人、教育人的城市，一个塑造人、改造人的城市。唯其作为一种审美现象，人生和世界才显得合情合理。所以，现代城市病的疗愈，在根本上离不开一种审美的观照、一种诗意的追寻。

诗意实际上是使人走出动物界或者说使人成为人的根本动因。海德格尔特别重视"诗意的栖居"，其实质就在于这种"诗意的栖居"乃是人类生存和发展的根基，

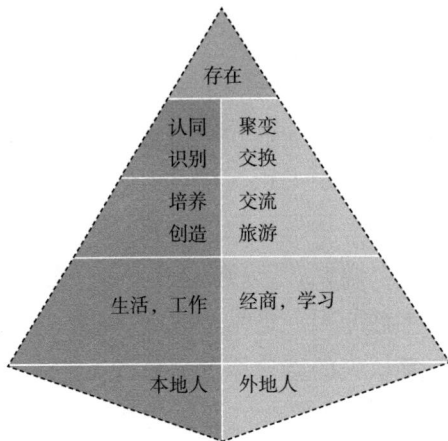

图2.3　城市生存状态

是人类的真正的"家园"。在技术主义重压和束缚下的现代人类，之所以"无家可归"，就是因为技术主义的"座架"在不断毁坏这种"诗意"。"诗意"和诗的创作危机，是世界性的。显然，这种危机绝不是城市表象的危机，而是人类生存和精神深层面的危机。由此，探讨城市主体生活的本质本真，寻求诗意的栖居，确实具有重要的现实意义。

2.4.1 诗居城市阐释

德国著名诗人约翰·克里斯蒂安·弗里德里希·荷尔德林（Johann Christian Friedrich Hlderlin）在《在可爱的蓝色中闪烁着》一诗中写道：充满劳绩，然而人诗意地栖居在这片大地上。德国著名哲学家马丁·海德格尔据此而倡导"诗意的栖居"这一存在的至高境界，其中的"诗"所具有的内涵已经不是普通意义上的文学之"诗"了，而是一种提升到很高层次的、具有哲学意味的"诗"。艾德里安娜·里奇（Adrienne Rich）把诗称作"一种具体化的体验工具"[55]。此处的"诗"除了包含文学审美意义上的诗意之外，还包括城市主体主观能动地构筑、创造及体验，这也是城市主体得以实现人生价值与自我存在的重要路径。

"居"是海德格尔诗学中的基本概念。海德格尔对居的阐释是从"建筑"一词开始的，认为居使建筑成为建筑，只有居着的才是真正的建筑。居是一种存在，此在的城市主体内心与居住环境产生共鸣并形成同一，以唤起灵魂的愉悦。因此，"存在的遗忘"是造成此在沉沦、被抛弃的根本性原因，也是造成此在的人内心深感无家可归、归属感缺失的直接原因。只有当艺术化生存的特征显现时，安居才能发生。只有建构"以人为尺度"的城市环境才能使人的灵魂找到归宿，以求本真地安居，达到一种诗居的状态。城市色彩形象识别设计是实现诗居状态、解决当下城市认同危机的重要手段。

在物质条件适当满足之后，决定城市主体是否幸福、是否自在的最根本就是其内在的心灵感受、心灵状态。当今社会，物质条件已相对富足，城市的发展应当更多地注重城市主体精神生活的质量和美好精神家园的构建。由于城市主体的心灵和精神世界的满足永远趋于无限，而理性、科学以及经验实证的方法在解决城市主体心灵和精神世界的问题上是无能为力的。因此，这就需要我们凭借外物对城市主体的心灵的诱导与关怀构建起城市主体的精神家园，"诗意的栖居"便应运而生。诗意的城市居所不仅仅是因为城市环境中的城市色彩表象的视觉效果美丽，更是因为城市色彩富有含义，城市场所富有意味。诗的本质正是城市主体在大地上的栖居，栖居的本质也就是作诗，诗把城市主体带上大地，使城市主体归属于大地。诗意的栖居是使城市主体认同于脚下的土地，归属于所在的城市，并在天地中找到真实的自我，诗居使人成其为人，使城市成其为城市。

"诗意的栖居"是审美的而非功利的。城市主体在现实中的常态是忙碌与不安的，为在纷繁凡尘世界中找到定位，获得认同与归属而奋斗不懈。无论是人与自然、人与社会、人与人关系的恶化，还是人的身心失衡，都是由人类在改造现实世界过程中的失误造成的，而这种失误归根到底是由于违背了人类活动的三大原则，即真的原则、善的原则和美的原则。人类只有在改造自然中遵循真的原则，才会实现城市主体与自然和谐相处；只有在改造社会中遵循善的原则，才可实现城市主体与社会的和谐共处；只有在改造人自身中遵循美的原则，才会达到城市主体的身心和谐。唯有真善美三者的和谐统一，才能促进人类的全面发展，实现人类的最高目标，达到人生的最高境界，从而使人类的精神得到慰藉，找到归宿。让灵魂赶上技术的脚步，让科学精神和人文精神互相融合，才能实现人类与世界之间的"诗意的栖居"。因此，"诗意的栖居"就是城市主体劳作地居住于城市，自由地居住于城市，以审美的人生态度居住于城市，以一种积极乐观的诗意态度生活。

"审美文化"提醒人们关注自己生活的真正目的，提醒人们返观自身，那么它必定是以艺术为核心的。城市色彩形象对城市主体反观自身有着积极而重要的作用。关于审美的人生态度和境界，有的学者认为庄子倡导的即是审美的人生态度和境界，事实上庄子所倡导的"逍遥自在"、"齐物我、齐万物"的"物我两忘"境界远高于审美的人生境界，是一种类似于佛教的"无喜无悲、无苦无乐"、"应无所住而生其心"的禅境之界。这两种关于审美对城市主体作用的说法并不是互相矛盾的，而是更加完整地阐明了城市色彩形象在使城市主体达到诗居状态中的地位与作用。城市色彩作为一种审美形象，利用其外显形式的中介作用，成为城市主体回归本真的跳板，使城市主体达到物我相忘、自我存在这种高于审美的人生境地。

2.4.2 诗居状态特征

城市不只是一个感觉和想象的对象，更重要的是人们安居乐业、寄情怡性之所。当城市色彩形象表达的精神与人的精神融合时，人的精神便因对象之神而充实、圆满，意识达到诗意、自由，此时城市主体便是达到了诗居的存在状态，这是一种自在的存在。

1. 非诗居状态特征

城市识别和城市主体缺乏认同感是一个问题的两种状态。如果说城市识别是肯定的状态——识别就是一种包含差异的认同，那么，城市主体的认同感缺失就是城市识别发展和演化到一定阶段必然出现的一种否定性状态。识别和认同危机之间存在的这种肯定和否定的关系表明二者之间是可以相互转化的。

个人离不开集体，这已经成为当代人的共识。以此类推，我们完全有理由说，个体认同离不开集体认同。个体认同的活动在集体认同的大背景下施展，因此，个体认同活动的前提是接受集体认同。在集体认同允许的范围内，个体认同才可以进行发挥。个体识别与集体识别相互塑造实现。个体识别组成集体识别，若个体的身份感缺失，集体身份感也会随之失去存在的基础；同理，集体识别可对个体识别起到提升作用，引导城市主体的发展方向。当城市主体脱离诗居状态时，会失去自身目的，甚至感到世界再也没有什么意义，面对种种奇形怪状的东西，会感到一片混沌。城市主体在非诗居的状态下会感到因身份感缺失而带来的内心空虚。

2. 诗居状态的特征

法国著名哲学家让·保罗·萨特（Jean Paul Sartre）提出了自在的存在的概念。自在的存在是标志外部世界、物质的范畴。萨特所谓的自在的存在不等于外部世界、物质世界中的具体的存在物，如桌子、椅子、钢笔、火柴等。当然，这些存在物有"自在的存在"，就是说，它们的确具有超出意识、现象的独立的存在。但是，两者又不能完全等同，因为当我们说到这些具体的存在物时，已经由我们的意识赋予它们以意义了，它们已不是非意识的"自在的存在"本身了。

海德格尔对于筑造、栖居、存在的说法主要有三点：筑造乃是真正的诗居；栖居是人在大地上存在的方式；作为栖居的筑造展开为保养生长的筑造与建立建筑物的筑造。实际上就是这样一个"等式"：筑造=栖居=存在=保养+建立。这个等式是怎么来的？海德格尔提供的依据实际上是词源学的，主要有如下证据：①在古高地德语中，表示"筑造"的词语是buan，意味着诗居，有"持留、逗留"之意。"筑造"即"栖居"，这个意思在现代语言中已经隐没了，唯在"邻居"（nachbar）一词中尚有些许表现。"邻居"是nachgebur，nachgebauer，是在附近处居住的人。动词buri、buren、euren和beuron的意思都是"居住"。②表示"筑造"的古高地德语动词buan、bhu、bco具有"存在"义，也即现代德语的"是、存在"既有"诗居"义，又有"存在"义，所以"我是"、"你是"意即"我居住"、"你居住"。我是和你是的方式，即我们人据以在大地上存在（sind）的方式，乃是buan，即居住。所谓人存在，也就是作为终有一死者在大地上存在，意思就是："居住"。海德格尔从词源上赋予"诗居"以"存在"之义，无论如何，把诗居理解为一种存在，是我们可以接受的观点。

海德格尔既已把"筑造"、"栖居"、"存在"三者等同起来，那么我们进一步就可以问：如何把这三者与"诗意"（Das Dichterische）联系起来？其实这种联系仍然是本源性的，仍然有着词源上的依据。因为海德格尔把"筑造"解为希腊文中poiesis（制作、创作、作诗）的一种方式，故"筑造"在原初意义上必然是"诗的"、"诗意的"或"诗性的"（poietikos）。原初的"筑造"是poiesis的方式之一，所以也才有"诗意的栖居"的问题，只是后来技术化的工业制造和生产使"筑造"的"诗性"（即

poiesis）含义渐次退隐了。

　　古希腊著名的哲学家巴门尼德（Parmenides of Elea）对于诗意的栖居下的城市主体存在的基本观点是：整个世界本质上是一个唯一、不动、永恒的存在，也叫"存在者"；而在人们感官世界中呈现的流动变化的万事万物，并不是真实的东西，而只是幻象，故称它为"非存在者"。这样的思想用巴门尼德自己的话来表述，就是：存在者存在，不可能不存在，而非存在者则不可能存在。在巴门尼德看来，只有这个观点才是唯一可以设想的、确信的真理，一切与此相异的观点都是无法设想的谬误。

　　那么，真实的世界作为"存在者"究竟是什么呢？它的性质是怎样的呢？巴门尼德认为诗居状态下城市主体的存在有以下几个特征：第一，存在是独一无二、连续而不可分的整体，它自身和自身同一，内部和外部都没有差别性和中断性。第二，存在是永恒的、不生不灭的和无始无终的。存在被巨大的锁链捆着，无始亦无终，因为产生和消灭已被赶得很远，被真信念赶跑了。第三，存在是绝对静止的，它既没有性质的变化，也没有位置的移动。第四，存在是完满无缺的，而且是有限的。它像一个滚圆的球体一样，有一条最后的边界，从心中到每一个地方的距离相等，所以它包含一切存在而什么也不缺少，具有内部均匀性、有限性和完满性的品格。第五，存在是思想和理智的对象。因为被思想的东西和思想目标是同一的，所以只有存在是可以设想和思议的东西。

　　巴门尼德否定了以前的自然哲学家仅从感官对象中寻求世界本源、说明世界的片面观点，强调用理智和思维去把握世界。因为城市的本质存在只能是城市主体思维的对象。所以，城市色彩形象的识别设计应用理智去探究其设计的本质目的——使城市主体达到诗居的状态，使城市主体的精神与城市色彩的精神同一，在这种自在的存在状态下，实现圆满，实现自我识别，实现身份的认同。

诗意的栖居是一种自在的存在，对于其特征，萨特曾用巴门尼德式的抽象语言来概括为："存在就是它所是的那个东西"。亦即是说，"自在"是既成的，僵硬的；它与自身绝对等同，不包含否定，它完全被自身所充满，是完全的肯定性；它是不透明的、厚实的、无空隙的、不能渗透的，也不与自身之外的任何东西相联系；它超乎生成变化之外，也不从属于时间，既没有过去和现在，也没有将来；它就是它——这就是一切。

由此，我们可以得出：在诗意栖居的状态下，城市主体是与自身绝对等同，完全被意识充满，是完全的肯定性，这种状态下，城市主体不与外物相连，是一种内向的状态。此时的城市主体成为他本身，达到了自我身份的绝对认同。

第三章

城市色彩概述

色彩和城市色彩发展的历史是与人类社会的进步密切相关的。城市色彩形象作为城市形象重要的组成部分，对城市形象的塑造起到关键性作用。目前国际学术界对城市色彩理论的研究有着多元丰富的理论阐述，跨学科、多领域的综合探究共同构成了城市色彩研究的理论内涵。现代科学研究表明，城市色彩不但与城市环境密切相关，而且对城市主体心理健康和情绪均有较大影响。这里主要以城市主体的心灵感受为考量因素，对城市色彩展开研究。

3.1　色彩与感知

人对色彩的感知分为生理感知与心理感知。在研究城市主体与城市色彩之间的关系之前，首先需对色彩的物理属性和社会属性有所认知，对色彩的感官与心理的感知现象予以把握，对色彩的语义结构进行分析。在此基础上，才能更好地进行城市色彩形象识别设计。

3.1.1　色彩基本理论

在视觉艺术当中，色彩的功能最为突出。不论事物的形态怎样千变万化，色彩始终最具吸引力，如人漫步于琳琅满目的商业街时，首先会对其丰富的色彩形成印象。同时，色彩作为表达人类情感、理念和事物信息的载体，是识别设计中不可或缺的重要元素。

1. 色彩释义

色彩存在于一切事物之中，色彩使天地之间充满感情，使宇宙万物显得生机勃勃[56]。从汉语词义上看，色的概念从广义上理解是相对于形态和形状而言的，可以理解为色彩意义的简称。邢庆华在《色彩》一书中为色彩所作的定义为："通过视觉感知被识别的那些相对于形态而言具有独立意义的，并且依靠多种颜色的差异性组成的视觉要素。"[57]

基于以上定义，我们还需弄清色彩究竟如何在人的眼中形成。形成颜色视觉涉及三个学科领域。第一是人体外部客观存在的世界，如可见光和物体，它们可以对人产生各种物理刺激，这种刺激量的大小，能够用物理仪器进行测量，是受物理法则支配的物理学系统；第二是眼睛通过角膜、瞳孔和晶状体在视网膜上接受的物理刺激量，并将这些物理刺激转化为生理信号输入大脑皮层，这是受生理学法则支配的生理学系统；第三是大脑按照它储存的经验、记忆和对比，识别这些传输来的信息，这是按照心理学法则实施的心理学系统。

从色彩研究的观点来说，受物理学支配的"色彩真实"与受生理与心理学支配的"色彩效果"不一致，即在人的颜色视觉中关于色彩的主观心理映像与外界客观刺激的关系，并不完全服从物理学规律，这是人类在自然环境中长期生活所具有的适应性与保护性所造成的。生理与心理的这种适应性，造成了色彩设计与复制工作中的复杂性与多元性。这也说明颜色感觉的形成是一个综合的系统，在这个系统中受到各种因素的影响，并形成了一些有规律的视觉现象。

2. 色彩属性

色彩属性共同构成色彩面貌。准确地描述一种色彩，须从色彩属性出发，其中对于色彩属性的最基本描述，即是色彩的三要素——色相、明度和纯度。也只有正确把握了色彩的三属性，才能真正认识色彩。色彩的三属性是城市色彩研究的基础色彩知识。

色相（Hue）：色彩的首要特征，即各类色彩的相貌称谓，也就是指色彩的名称，是区别各种不同色彩的最准确的标准。每一种不同的颜色均具有不同的色相，如红、黄、蓝、绿色等。色相由光的波长决定。一般是以色相环上的纯色为准。标准色相根据色彩的表现而形成的体系是不同的。通常色相有12色、20色、24色、40色等。

明度（Lightness）：又称亮度、光度、深浅度，是指色彩的明暗程度。一般说来，越接近白色，明度越高；越接近黑色，明度越低。另外，各种不同的色彩，其自身的明度也有差异。除黑色和白色外的12种纯色中，明度最高的颜色是黄色，明度最低的颜色是紫色和红色。在颜色的3种属性中，色相和饱和度是只有彩色才具有的性质，而明度是彩色和无彩色同时具有的性质。明度的差别，即是色彩学中的明度对比关系。

纯度（Chroma）：指色彩的鲜艳程度和饱和程度，因此也称为饱和度、彩度。根据纯度，色彩可以分为两大类：没有纯度的称为无彩色系，如黑、白、灰；有纯度的称为有彩色系，像红、黄、蓝等。一般而言，纯度低，意味着色彩"暗浊"；纯度高，意味着色彩"鲜艳"。在一种物体色中，加入黑、白、灰或其补色越多，纯度也就越低。而且，物体色彩纯度与其质感有关。如表面粗糙的物体，其漫反射作用使色彩的纯度降低；若物体质感光洁，全反射强烈，色彩鲜艳。另外，纯度还与明度的变化有关，如蓝色加黑，蓝色的明度降低了，蓝色的纯度也会降低；又如绿色加白，绿色的明度提高了，但是绿色的纯度却降低了。

此外，色彩属性还包括以下内容：

色性：基本分为暖色和冷色。红、橙、黄为暖色，给人以温暖、热烈、扩张的色彩感觉。青、蓝、紫为冷色，给人以寒冷、平静、内敛的感觉。

色环：将彩色光谱中所见的色彩序列，首尾的红色

和紫色连接在一起，形成的色环，常用
的色相环有6色、8色、12色、24色等。
本书案例中采用的是中国建筑色彩体系
色相环。

　　色调（Tone）：色彩外观的基本倾
向，由色彩的色相、明度、纯度三要素
决定，是色彩构成之间的色相、明度、
纯度等组合搭配而成的"色彩关系"，
是一种色彩倾向性。在一定色相和明度
的光源色的照射下，物体表面笼罩在一
种统一的色彩倾向和色彩氛围之中，这
种统一的氛围就是色调。

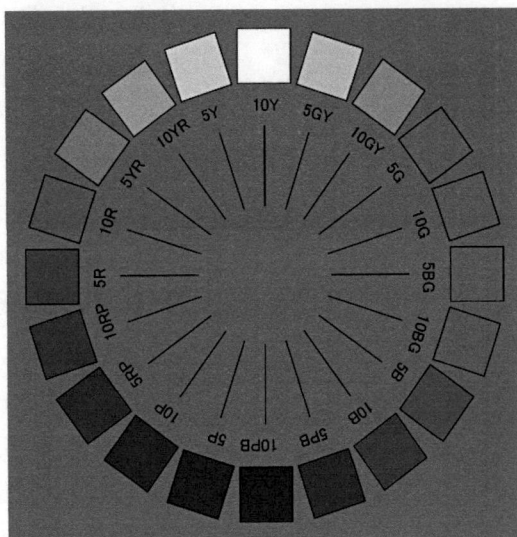

图3.1　孟塞尔色环图
（来源：http://zh.wikipedia.org）

　　色调是一种独特的色彩形式，它在表现色彩主题、
创造情调、渲染意境、传达情感上是不可缺少的，人的
情绪与注意力往往首先被色彩关系中的色调所影响。在
色彩构成中，色调不统一就会产生色彩紊乱。

　　色调的类别很多，有各种分类方式。按照色相分有
红色调、黄色调、绿色调、紫色调等，按照色彩明度分
有明调、暗调、中间色调，按照色彩的冷暖分有暖色调、
冷色调、中性色调，按照色彩的纯度分有高纯色调、中
纯色调、低纯色调等，就色彩色相倾向而言有红色调、
绿色调、蓝色调等，就色彩的对比度而言有强对比色调、
弱对比色调等。有的是以明度的一致性组成明调或暗调，
有的是以纯度的一致性组成鲜艳色调或含灰色调，如淡
色调、浅色调、亮色调、鲜艳色调、深色调、中间色调、
浅浊调、浊色调、暗色调等。

3. 表色体系

　　色度学中的表色体系使色彩的表现和认定科学化、系
统化、符号化、精确化。在进行城市现状色彩数据收集、

分析，及后期实施和评估结果过程中，在一定程度上精确把握色彩数据，无疑需要一定的技术，色度学便是进行此项工作的重要技术手段。色彩体系是色度学的主要内容，是为完成科学的测量与表述，"将颜色按照感知色表的特性，在颜色空间进行有序地排列所构成的系统"[58]。

随着色彩研究的不断深入，国际上产生了很多色序系统，很多国家都制定了自己的颜色系统，如美国的孟塞尔颜色体系、中国颜色体系、德国奥斯特瓦尔德颜色体系等。这里主要介绍孟塞尔颜色体系和中国颜色体系。

1）孟塞尔颜色体系。由美国美术教师孟塞尔于1905年发明创立，是由色相、明度、纯度三属性构成的圆柱形坐标体系。孟塞尔颜色体系历史悠久，是影响力最大、应用最广泛的色彩分类和标定表面色的方法。以色彩三属性为表示基础的孟塞尔色立体，在水平方向上组成的色相环，以红（R）、黄（Y）、绿（G）、蓝（B）、紫（P）五色为基础，加上它们的间色橙（YR）、黄绿（GY）、蓝绿（BG）、蓝紫（PB）、红紫（RP）构成10个色相，按照顺时针方向排列，再将每一个色相分成10等份，把各色相中间的第5号规定为正色，组成总数为100的色相环。孟塞尔色相环上相对应的两色为互补色。色立体中心轴的垂直方向为黑、灰、白共11个等级，用来表示明度。10表示理想白，0表示理想黑，1～9为中间灰色。彩度与中心轴垂直，轴中心的彩度为0，离中心轴越远则彩度越高，最远端为各个色相的纯颜色。

在孟塞尔色彩体系中，10个主色的最高彩度值和明度值并不相同，其中红色（5R）的彩度值最高，达到14；蓝绿色（5BG）最低，只有6；黄色（5Y）的明度值最高，为8；蓝紫色（5PB）的明度值最低，只有3。孟塞尔色立体的表色读法，对于有彩色使用HV/C表述。如5BG5/6，表示蓝绿色相5号，明度5，彩度为6。无彩色使用NV表述，如N7表示明度为7的灰色。

孟塞尔色彩体系标定颜色的方式直观，从标注上就可以想象出色彩的基本属性，因此得到了广泛的应用。

2）中国颜色体系。中国颜色标准化技术委员会从1988年开始至1993年完成了中国颜色体系问题研究，并制定了国家标准《中国颜色体系》GB/T 15608–1995，现已更新为国家标准《中国颜色体系》GB/T 15608–2006。该标准规定了颜色的分类，并按颜色知觉的三属性——色调、明度、彩度确定颜色标号。标准是制作中国颜色体系色彩标样的基础，以作为颜色的保存、传递、交流和识别的依据，从而在色彩度量上拥有了中国自己的标准体系。

由于色彩感知特性的原因，各个国家采用的色彩系统不同。本书中福建永安城市色彩形象识别设计采用色彩理论体系为中国建筑色彩体系（CBCC）。中华人民共和国GB\T 18922–2002《建筑颜色的表示方法》国家标准的颜色样品，是建筑行业专用色卡，适用于建筑设计、建筑材料、建筑装饰以及建筑监理等建筑领域，是建筑色彩选择、管理、交流和传递的标准色彩工具。

图3.2 （左）孟塞尔色彩体系
（来源：http://zh.wikipedia.org）
图3.3 （右）中国建筑色彩体系
（来源：中国建筑色卡国家标准）

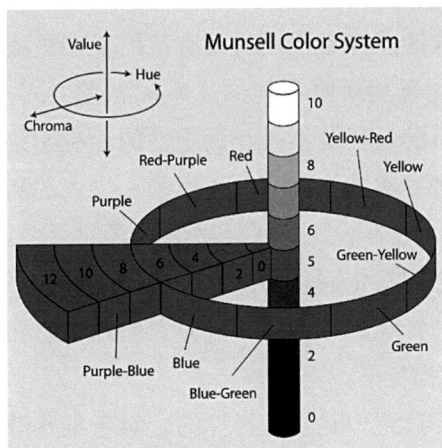

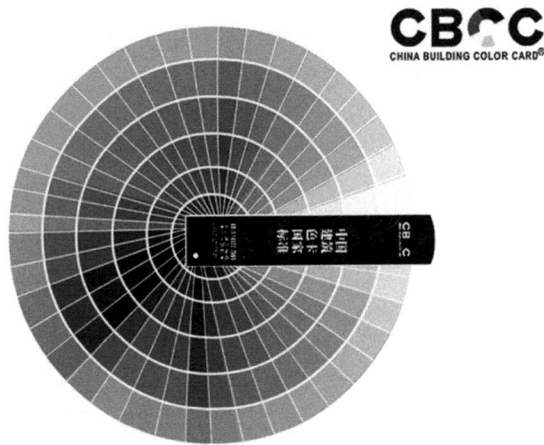

3.1.2 色彩的感知

同样的色彩会在不同的地域唤起不同的感觉，因为在人的感知过程中，人的主观经验财富总是一直在起作用的，这一经验财富是与一个人总的性格结构相联系的，同时对人的感知起作用的还有他的观察和思考方式。这里主要探讨人对色彩的感知过程，以及影响色彩感知效果的因素。

1. 感知的特征

感知并不是一个独立的心理范围，而是与其他的心理范围，如注意力、思维和语言、学习、记忆、情感等以相互作用的方式联系在一起的。感知不仅仅是被动地接受，每一次感知都是主动塑造的过程；感知也不仅仅是指人将传入其身体和大脑的、被其生理器官接受的无限的物理刺激按重要和不重要、有意义的和没有意义的、表象和背景进行分类[59]。人们具有记忆和想象场所的内在能力。感知、记忆和想象不断地相互作用，巴士拉（Bachelard Gaston）说："记忆和想象是联系在一起的"[60]。

在人的感知过程中，人的主观的经验财富总是一直在起作用的，这一经验财富是与一个人的总的性格结构相联系的，同时对人的感知起作用的还有他的发展过程以及他的物质和文化环境所赋予他的观察和思考方式。人通过感知来看城市的过程既不是客观中性的，也不是被动的。人在参与每一次感知时都是积极的、投入的和加工塑造的。因此，感知不只受到生物学因素的影响，更多地受到城市社会和文化因素的影响。也就是说，不同文化的人们以自己特殊的方式感知世界。所以，感知是一个城市文化的结构特征。

同时，人在感知过程中是有选择性的，对于某些敏感事物会有意识、认真反复加以体验，而对某些事物只进行粗略感受与观察。对此过程中的选择性起到决定性作用的因素在于被感知物对于感知者的重要性，这种重要性层级的高低根据感知者所处的文化环境不同而变化。因此，在感知过程中，根据文化的不同，被感知的事物对于感知者的意义也不同。

2. 色彩的感知

人在参与每一次感知时都是积极的，投入的和加工塑造的。以往的经验作为一种视觉心理积累，会在不自觉中参与感知过程，它可以影响人的直觉感知，是感知中的悟性。人在感知时是有选择的，对某些事物有意识地、警醒地、认真地加以体验，相反，对其他事物只粗略观察或根本察觉不到。对这一过程起决定作用的因素是所感知的物体对观察者的重要性，而这些重要性是根据文化的不同而变化的。也就是说，人对色彩情感的认知，是靠后天经验的积累。不同地域的文化导致不同的感知。同一形式的认知会存在差异，这种差异源自生活与社会，即地域性文化差异，不同城市文化的人们以自己特殊的方式感知色彩，城市色彩的感知是一个城市文化的结构特征。

人是生物性和社会性的综合体。生物性是指人与生俱来的生理功能与本能性的反应，生物性感受属于感官感知的部分；社会性是指人对外物的心理解读，其中时代特征、生活环境、审美个性等构成了人的社会性因素，影响着人对色彩的心理感知。

色彩的感官感知。当人的眼睛与色彩发生接触时，最为直接的首先是纯视觉感官的感受，眼睛本身被色彩具备的美感与特性吸引，产生满足感与愉悦感。如同美食对舌头的刺激，这种感知属于生理层面的感觉，持续的时间有限。此外，它们也只是肤浅表面的，转瞬即逝。

色彩的心理感知。"情感和色彩是密不可分的，色彩很大程度上可以影响我们的心理状态。"[61]色彩在人的精神上引起了一个相应振荡，生理印象只有在作为通往这种心理振荡的一个阶段时才有重要性。法国思想大师列斐伏尔（Henri Lefebvre）指出："为'图像世界'所设计的空间，'图像世界'正是想象力的敌人。"[62]因此，对于色彩形象设计的成功标准在于，人对这种色彩的感知是否共同感受到心灵的激荡，共同达到色彩对心理影响的最高层面。其中关于色彩对人心理的影响有三个层面：

感觉水平的层面是色彩心理语义的第一层面。这个层面上的心理语义是由人的条件反射引起，属第一信号系统。该层面的心理语义是形成第二及第三层面语义的基础，其心理感知表现无异于刺激所产生的表现。

联想水平的层面是色彩心理语义的第二层面，产生于第二信号系统中的思维。人类对色彩的抽象联想在某种程度上存在一定的共性，这种共性的来源多基于色彩与相应事物的内在关联性。同时，因为不同的地域文化和传统习俗的影响，也会造成不同的群体特定的色彩联想和象征习惯，同一色彩在不同的国家可能会引起完全不同甚至相反的联想和情绪。对色彩的联想，进而到对色彩的喜恶不但具有共性，也具有特殊性，这种特殊性很大程度上基于不同的地域文化而产生。从这个意义上讲，这也就是色彩的地域性或文化性，这种个性只有宏观地在群体中的反映才有意义。

象征水平的层面是色彩语义的第三层面。此层面是最高级别的色彩心理语义，它由联想发展到社会观念，而后形成相应的心理感知，因此是属于反映于文化层面上的心理语义。在这种心理语义之下，色彩的象征意义主要取决于感知者所处的社会环境，而非色彩本身的表现形式及视觉特性决定，联想层面下的心理语义与色彩的感性表现之间是一种受社会因素制约影响而形成的关系。

当特定的色彩联想与感知者所处社会中的特定文化紧密结合时，就会约定俗成，形成一种特有的社会观念，也就随之形成了色彩的象征性。如红色，在中国会被联想到革命意义，即红色在中国特有的社会因素内变成了革命的象征。当这种象征性形成之后，它就被纳入该地域的文化体系，成为一种符号、一种象征性语言。根据符号学中的"能指"与"所指"，色彩作为一种符号，便可引起感知者的识别、联想与记忆。因此，这也就是同一色彩会在不同的人文环境中被感知为不同意义的原因。可见，色彩的心理感知是一种经验性的感知，而非先验性。不同地域、不同时代、不同文化领域会对相同的色彩产生不同的感知。所以，对于城市色彩识别设计的把握，首先需弄清该地域城市主体的色彩感知特征。该地域的文化背景是构成色彩感知特征的重要因素。

3.1.3　色彩的艺术性

"精神（灵魂）是世界的本原，物质只是蒙在真实世界之上的一层面纱，人们只能透过面纱才能看到闪光的精神，色彩具备这种才能。"[63] "颜色是直接对心灵产生影响的一种方式，色彩是琴键，眼睛是音槌，心灵是绷满弦的琴。"[63]人的灵魂与肉体密切相连，它通过各种感觉的媒介（感受）产生印象，色彩作为被感受物能唤起和振奋感情。心灵不仅是个艺术可以激荡和留下印象的地方，而且还是个只要获得允许艺术就希望进入的地方[64]。色彩的艺术性即是色彩能使人产生心灵震荡，是一种包藏在自然形式下的心灵的特殊状态。

因此，在研究城市方面，如果地方的意义超出了那些可见的东西，超出那些明显的东西，深入到心灵和情感的领域，那么，色彩就成了回答这个问题的答案，因为它们是人们表达这种情感意义的方式。色彩功能包括两重因素：内在因素和外显因素。内在因素是城市主体心灵中的感情，意识的表达，通过色彩作为媒介将意识传达，色彩符号具备能指和所指的功能，能够唤起受众的联想与记忆，以及内心与之相似的感情。城市色彩作为桥梁，唤起该地域人内心共有的情感，引起共鸣，产生心灵的震荡，使意识与自我同一。城市色彩的内在因素便是城市精神，它必须存在，否则色彩便缺失了情感，成为一件艺术的赝品。法国学者勒·杜克（Eugène Emmanuel Viollet-le-Duc）以有机论的观点肯定艺术能创造新的生命形式的外观，认为只要注入生命力，外观的人为特征将会被忽略[65]。因此，城市色彩的表现更在于城市情感与城市生命力的注入。感情总是在寻求表现手段，即寻求一种物质形式，一种能唤起感受的形式。内在因素决定色彩的形式，正如我们头脑里的思想观念决定了我们的言辞，而绝不会是相反。色彩的形式由不可抗拒的内在力量所决定，这是色彩中唯一不变的法则。称之为优美的色彩是内涵和外表统一和谐的结果，因此，色彩和谐统一的关键最终在于对人类心灵有目的的启示激发，这是内在需要的指导原则之一。所以，城市色彩的和谐不仅是色彩属性的相协调，更关键在于对城市主体心灵有效的感染，唤起其共有的地域情感。

3.2 城市色彩的问题

随着人类迈入21世纪，全球化和城市化的进程急剧加速，这种加速发展既带来了机遇，同时所引起的剧变，对人类更是重大的挑战。色彩污染便是随着这种城市化发展出现的新问题。然而，城市主体对于城市环境的需求，已经由物质性的层面上升到了美学、文化与人性等更高的层面，这就迫切需要城市色彩形象识别设计。

3.2.1 城市色彩污染

色彩污染是指"在城市环境中由于色彩使用的不当而对人们的生理、心理感受产生不良的影响，对城市形象造成破坏的现象"[66]。主要表现在以下方面：

1. 整体性缺失

传统时期，交通运输的欠发达制约了建筑材料及制造技术的应用，城市色彩在使用上也多受制约，仅仅局限于某一地域的用色特征。随着时间的推移，城市色彩几乎自发形成了风格相同的地域色彩面貌。然而，随着技术的发展、物流的便捷，新型材料不断涌入城市，现代城市色彩的载体已不再受到制约，人们可以随意地追求自己喜欢的色彩风格。当然，这为城市色彩的丰富性提供了条件，但同时，也是造成城市色彩滥用的诱因。城市色彩犹如一匹脱缰的野马，过分随意的运用，致使城市的色彩处于碎片化、无序化的混乱状态，造成了城市色彩整体性的缺失。"城市色彩的混乱，色彩污染的出现，也是由于缺乏科学合理的色彩规划和强有力的管理措施。"[67]因此，如何使城市色彩形象和谐有序，是当下迫切需要解决的问题。

2. 多样性消失

受到全球化流行因素的影响，城市地域文化的特色逐渐黯淡，所承载的城市文脉也濒临断裂，导致城市色彩形象处于多样性消失的状态。不同的城市，却呈现出千城同色的图景；即便是在同一城市内，城市主体也很难区分和感受不同区域间色彩的差异。城市色彩应该是一个区域内在文化特征的外在体现，是文化传承和发展的重要内容，应具有独特的地方性和民族性。城市色彩在城市形象中有着不可替代的作用，如何通过色彩来表现城市的地域文化内涵，是在全球化和快速城市化的大趋势下，获得城市地域特色和城市个性发展的重要方面。

3.2.2 城市色彩研究的价值

"如同城市形式再现了概念的秩序、建筑物体积和空间的规划，城市色彩塑造了知觉的体验。城市或地方的色彩使用是一个集体性表达，当它赋予某个地方以特定身份时它就成了文化符号。"[17]城市色彩是特殊的语言表达方式，有强烈的功能价值和象征意义，有塑造城市形象、展现城市风貌、表达城市精神情感的作用，可起到改善城市氛围、构建城市归属感、提高城市主体追求等重要作用。

1. 塑造美好的城市形象

美好的城市形象可以实现城市主体对城市特色的追求及对此的体验，然而，大量城市色彩的涌入，削弱了城市的文化身份和特征，使城市形象变得生硬、浅薄和单调。从城市美学的角度出发，作为审美对象的事物，要使人们能产生美感，必须以人们通过其感觉器官获得对审美对象的感觉为基础，所以城市主体只有通过感觉，把握城市色彩的感性特征，才能引起审美感受，然后上升为审美知觉，以及与此相关的联想、想象、直觉思维等心理现象，进行审美判断、完成审美过程，获得城市色彩形象的美感。

对城市色彩形象的美感，也不是靠逻辑判断和理性思维获得的，而首先是靠感觉器官对城市色彩的一些基本特征的感受来获得，靠对城市色彩形象的直接观照，通过审美判断来实现的。对城市色彩的审美过程始终要在具体的、形象的、直接的感受中进行，形象美好的城市首先要有美好的城市色彩形象。各个局部的城市色彩形象综合形成了整体性的全面反映，它客观地反映了城市在物质水平、社会风尚、文化意识等方面的现实状况。

2. 构建特色化的城市面貌

城市面貌是历史的积淀和文化的凝结，是城市外在形象与精神内质的有机统一，是一个城市的物质生活、文化传统、地理环境等诸多因素综合作用的产物。对于城市构成面貌的因素，有学者指出"房屋与村落的边界相垂直，建筑物按不同功能有层次地布置，特殊功能决定了特殊的建筑形状，色彩则根据千年法则来确定"[68]。因而，一个城市的文化发育越成熟、历史积淀越厚，城市的个性就越强，品位就越高。特别是城市色彩随着时间的推移，其特色就应当越鲜明。但在实际中，城市色彩形象建设中的复制、抄袭，致使城市街区的色彩面貌愈发雷同。城市主体甚至感到所居住的城市变得陌生，其他城市却变得熟悉，这种城市色彩形象特色危机日趋严重。

物质、社会、心理因素共同构成了城市的面貌，城市面貌不仅局限于城市视觉景象的叠加，更体现了一种城市主体与城市的本质关系，城市色彩形象不会因人在城市中的空间位置的变化而有本质的改变。城市色彩形象是城市面貌的一种表现形式，主要属于"善"的范畴[69]。

城市色彩形象的"善"是城市美的基础与前提，是城市特色化的基本条件。城市色彩形象是城市特色的本质的外部显现，是构建特色化城市面貌区别于其他地域的必要条件。

3. 延续城市记忆

城市记忆是城市特色在人民心灵上打下的难以磨灭的物质文化与精神文化的烙印。[70]"无论是主动的对建筑材料的选择，还是对自然环境色彩的再现，或是对文化环境的表达，城市的色彩都是有意识的塑造。"[71]城市色彩担负了复杂深刻的文化角色，人们往往可以从城市色彩的倾向中，读出一个地域的文化特征。例如山城重庆，对红色建筑材料的偏好，不但体现了当地红色山体岩石的色彩，更体现了火辣爽直的山城文化性格，共同构成了红色的城市文化意象；而杭州、苏州，水墨画般的城市色彩，则诠释了江南城市温婉、雅致的诗书画意。对于很多城市文化记忆的逐渐磨灭，城市色彩可以对其起到修复作用。《法国建筑论辞典》（Dictionaire Raisonne de I'Architecture Franceairse）强调："修复这一术语及其修复这事本身是现代产物。并不意味着去保存它、修补它或重建它，而是要将其重新复原到一种完整的状态（a condition of completeness）。"[72]对于城市文化保护和延续的关键不在于保护个别纪念物，而是要"将地区整体作为历史纪念物看待，不要破坏它的线条和其他方面"[73]。因此，站在城市形象识别的角度进行宏观全面的城市色彩设计，恰恰可以使城市的记忆复原于完整的状态。

作为一个城市来说，美好的形象来源于美好的"集体记忆"，而美好的集体记忆的形成，是一个城市美好品质的结晶，也是社会整体认同的文化表象[74]。城市色彩形象存储着历史性城市文化空间的记忆、承载城市历史文脉，是延续城市记忆的重要因素。

4. 营造城市场所感

城市形象的美好、城市面貌的特色化使城市具有了初级条件的美。不仅仅关注城市的环境，更应以城市主体为本。城市色彩形象识别设计的价值不应局限于视觉，应该营造城市的场所感，使城市主体认同所在城市。

场所精神是指"每一种独立的本体都有自己的灵魂（geniusl），这种灵魂赋予人和场所生命，自生至死伴随人和场所，同时决定了他们的特性和本质。即使是众神也都有他们自己的神灵，这事实说明了这种想法主要的本质"[75]。古代人所体认的环境是有明确特性的，尤其是他们认为和生活场所的神灵妥协是生存的重点。从前生存所依赖的是一种场所在实质或心理感受上"好的"关系。例如古埃及不仅依照尼罗河泛滥情形而耕种，甚至连地景结构也成为公共性建筑平面配置的典范，象征永恒的自然秩序，让人有安全感。

人在自然环境中的生存，有赖于人与环境之间在灵与肉（心智与身体）两方面的良好契合关系，为此，他必须依靠守护神，以体会和确证他生活于其中的环境所具有的确定的特征，即任何事物都有独特而内在的精神和特性。

景观理论历史学家约翰·布林克霍夫·杰克逊（John Brinckerhoff Jackson）将场地精神的重要特征进行了列表，包括熟悉的场所意识，一种在共同体验的基础上形成的强烈的伙伴关系，以及增强的习俗、生境和仪式的反复出现。这些特征都反映了以人为中心或者文化尺度的场所精神，揭示了人类是如何跟它们紧密相连，并随着时间的推移而形成一种与其生活在其中的独特文化环境所产生的特别联系感。

城市主体在城市定居下来，一方面置身于空间中，同时也暴露于城市环境特性中。这两种相关的精神更可能称之为"方向感"（orientation）和"认同感"（identification）[76]。城市主体想要在城市获得一个存在的立足点，必须要知晓身置何处，更需在城市环境中认同自己。城市色彩形象不仅重视方向感的问题，以城市功能分区进行城市色彩的实施，更注重通过城市色彩形象的识别设计使城市主体认同自我本身。一个好的城市色彩形象能使城市主体在心理上有安全感。"人与场所的关系，以及通过场所与空间的关系是根据人在其中生活和居住而获得的。"[77]若一座城市缺乏明确的意象和场所感，城市主体会因此感到"失落"。城市色彩形象识别设计的目的就是让人免于失落，形态、颜色或排列能产生明确的认同。动人的结构和环境中，非常有用的心智意象、构成空间结构的元素是具体的"物"，具有"特性"与"意义"。

场所精神是场所的特征和意义，是人们存在于场所中的总体气氛。特定的地理条件和自然环境同特定的人造环境构成了场所的独特性，这种独特性赋予场所总体的特征和气氛，具体体现了场所创造者们的生活方式和存在状况。人若想要体味到这种场所的精神，即感受场所对于其存在的意义，就必须通过场所的定向和认同。

定向是指人清楚地了解自己在空间中的方位，其目的是使人产生安全感。而认同是指了解自己和某个场所之间的关系，从而认识自身存在的意义，其目的是让人产生归属感。当人能够在环境中定向并与某个环境认同时，它就有了"存在的立足点"。

场所的体验是令人满足的一般特性，然而真正的归属必须是这两种精神功能的完全发展。在城市的环境脉络中，城市场所的"认同感"意味着城市主体与城市为友。也就是说，城市中每个特性都有一个内外世界之间，以及肉体与精神之间的关联。就现代都市人而言，与自然环境的友谊已沦为一种片断的关系。相反地，城市主体必须与人工物认同，如城市色彩、街道、建筑。

城市场所认同感和方向感是人类在世存有的主要观点，因此，城市识别是归属感的基础，方向感的功能在于使人成为人间过客，自然中的一部分[76]。真正的自由是必须以归属感为前提的，"定居"即归属于一个具体的场所。"定居"（dwel）源于挪威古字dvelja，表示持久不衰或维持原状，类似于海德格尔指出的德语"居住"（wohnen）、"逗留"（bleiben）和"停留"（Sich Authalten）。海德格尔也指出德语的Wunian有"和平相处"、"保持和平"的意义。德语的场所（friede）意味着自由，也就是避免伤害和危险。这种保护方法是利用"包被"（umfriedung）达成的。"和平"（friede）和满足（zufreden）、朋友（freund）以及爱（frijon）有关。海德格尔利用语言的关联性来表示，定居的意义是和平地生存在一个有保护性的场所，人类是经由定居熟悉他所能理解的一切的。

诗意最先将人带到地球上，使人居于地球，而且引领人进入住所。诗意有很多的形态（和"生活的艺术"一样）能使人的生存具有意义，而意义正是人类主要的需求。城市色彩从属于诗意，它的目的在帮助人定居。场所精神的形成是利用城市色彩给场所的特质，并使这些特质和人产生亲密的关系。因此城市色彩基本的行为是了解场所的"使命"（vocation）。从这个角度上来看，我们必须保护地球并使其成为我们本身所理解的整体中的一部分。这里所说的并不是一种"环境决定论"

（Environmental Determinism）。我们只承认人是环境整体中的一部分这个事实，如果我们忘了这点，将导致人类的疏离感和环境的崩溃。在具体的日常感受中归属于某一个城市场所，即表示有一个存在的立足点。

当更进一步仔细调查时，就会发现：受人爱护的城市场所不仅仅使城市的社会和文化设施受到保护，其自然环境和生态环境也将受到极大的保护，而这些内容就赋予了此处城市场所独特的个性特征，同时也使得这个城市形成了独特的文化环境和自然环境。长久保持重要性的场地反映了人类社会与自然环境长时间的、连续的和反复的接触过程中所形成的一种独一无二的、外显的面貌特征，这不能仅仅解释为社会动力或环境动力带来的产物。

当代社会中各种力量似乎使得这种根的意识不断退化，人们不再强烈需要得到他们所居住地方的文化、自然社会的认可。随着对我们所居之地不断增长的陌生感和割裂感，我们见证了这一令人遗憾的根意识的丧失。这种细微的联系被称为"场地感缺失"，是对一个场地明显的、各种各样体验和认证的减弱。现代生活的各个方面导致了这种"场地感缺失"，如经常大量的搬迁、与邻里和社区关系的松散、经济全球化、大家庭趋势的下降、城市的蔓延以及没有个性特征、千篇一律令人疏远的建筑物等。

当这个场地失去场所情感和凝聚力时，人们不再或者很少对他们生活的地方的文化或生态环境承担长久保护的责任。他们缺乏这种场所精神延伸出的责任感，也很少去做一些工作延续这种精神。人类对自然破坏的忧虑之心以及对毁坏自然和人类居住环境的恐惧感会随着安全感的消失而减弱，甚至还会消失。人们对以前耳熟能详的场地和社区的方方面面变得陌生、变得没有安全感，最让人担忧的前景就是自己将成为这块土地上的陌生来客。

城市色彩形象识别设计的意义在于传达城市场所精神，使城市与自然和睦相处。城市色彩形象对于城市场所感的塑造，如同挖掘人们常说的城市的"根"，对"根"的渴望是人类生存中一个最基本的需求，常常未得到充分的认识。有根，也许是人类心灵中最重要也是最基本的意识需求，它是最难定义的一种情感。一个人只有真实地、活动地以及自然地参与一个社区生活中，才能够获取根的感觉，这同时也保护了对未来生活形态的某种期许。城市生活中，每个人都需要有很多根的感受，把自然作为生命的一部分，因此，较好地掌握道德、智力和精神生活是必要的、不可或缺的。

5. 促进城市主体的精神追求

城市精神是城市文化的重要内核，是城市文化积淀提升的结果。城市精神的形成是一个长期的过程，并在历史上和现实中发挥着异常重要的作用。通过对城市精神的概括和提炼，以城市精神指导城市色彩形象识别设计，可以使更多的民众理解和接受城市的追求。

通过城市色彩表达城市精神，塑造城市主体熟知、认同的城市环境，是对城市主体的关怀，并使其生命得到最大意义的彰显。"人类连续的自然体验将会怎样增强他们的健康，而这与他们工作和生活的场所产生的安全感和满意感是相互关联的。当人类生活在一个熟悉、可达以及珍视社会设施和地理环境的地方时，他们更有可能得到生态系统服务和各种热爱生命的价值观所带来的益处和帮助。"[78]而对自然环境和文化环境产生满意感和安全感的情感称之为"场所精神"。城市主体需要去体验和感受感觉上的、情感上以及精神上的满足感，而这些感觉只能从一种亲密的相互影响中获取，只能通过对他们所生活地方的认可而获得，这种相互影响和认可就形成了场所精神。

现代社会既使人类有很多机会去接触大自然，又依旧需要在本地社区或某一特定的区域形成一个精神寄托的场所，并且这些活动不应该是浅尝辄止、短暂的，甚至发生在人们生活的环境之外的。与之相对的是，要想取得生态效益，体验一个健康的环境或丰富我们热爱自然的价值取向，需要有规律地反复接触、触摸自然，从而获得安全感、满足感，加强对当地环境的场所意识。对于大多数人来说，这意味着接近了具备熟悉性、可达性和安全性特征的基于场地的环境和文化背景。当人类同他们生活和工作的地方联系得越来越紧密时，人们将从一个健康的环境中获取更多的服务和帮助，同时将得到已发展成熟的热爱自然天性的价值观所带来的利益。楚尼斯（Alexander Tzonis）与勒斐弗尔（Liane Lefaivre）将芒福德的理论总结为以下五个要点：第一，拒绝符号复制的办法；第二，关注对自然的回归；第三，生态并不拒绝先进技术；第四，提出建筑艺术展示和提高一个时代和一群人的意志和理想；最后，地域主义和全球化之间可以建立起一种微妙的平衡。[79]其中，城市色彩作为城市建筑环境艺术展示的重要因子，有提高城市主体意志及理想的效能，且城市色彩所代表的地域性可使城市在发展全球化与特色化之间建立平衡。

当一个城市的色彩是健康的、熟悉的并能够相互交融和联系时，这个城市的色彩就成为我们生活中的一部分，既是一种标志，也是一种回忆，同时我们还为她赋予了生机勃勃的活力和情感。把健康的生态系统和有意义的地方变为有生命的价值体现，生态学家奥尔多·利奥波德（Aldo Leopold）把这种意识取向形容为"金字塔思维"。城市色彩作为城市精神的外在显现使城市如一个健康的生态系统一样，不仅提升了生活质量，还保证了生活和生活环境的可持续性。

3.3　城市色彩的含义

城市色彩的含义分为广义和狭义两个层面。狭义的城市色彩主要指城市中建筑单体的色彩，广义的城市色彩主要指城市的色彩全貌。

3.3.1　狭义的城市色彩

狭义的"城市色彩"主要针对城市中占有主体位置的部分——建筑群体色彩来展开研究，以建筑为核心所构成的人居环境色彩，包括城市（或城镇，以下统称城市）及乡土聚落的色彩。

3.3.2　广义的城市色彩

广义城市色彩是指城市所显现出的所有可感知的色彩总和，它由多个系统组成，诸如建筑色彩、绿化色彩、交通设施、店招与广告色彩等。美学家林同华将城市美作为"超艺术的技术审美行为"的组成部分来考察，这一构想的主要组成部分包括城市空间美、城市动态美、城市环境美、城市色彩美，以及城市美的欣赏、城市美的建设与改造[80]。城市美学反对城市环境单元的单体之美，而强调城市各单元之间的对话和视觉呼应。这里的研究内容主要是广义的城市色彩，即城市整体宏观的色彩形象特征，而非近距离的建筑单体的色彩印象。站在广义的城市色彩角度进行城市色彩形象识别设计的研究，更符合城市美学的呼吁，也更能整体地展现一个城市色彩形象的识别性。

城市的美学与艺术，不仅要着眼于单体建筑和建筑群组的结合，还要着眼于建筑物与自然的结合，更要着眼于城市主体的内心感受。城市美学对城市的感知必须回归于人，城市再宏大的客观事物仍无法掩盖城市人的主观存在，事实上这样的主观存在不仅对同样的客观事物有异质感知，而且只有这样的主观存在才能建构客观和发展客观。这里以城市识别性为出发点，着眼于城市主体的意识及主观存在，实现城市主体的生存与发展。

3.3.3 广义城市色彩的研究理论

广义城市色彩研究是以文化地理学、文化人类学为理论基础，运用文化地理学研究文化在不同地域的表现形式，运用文化人类学对城市的文脉进行研究，运用色彩地理学研究城市历史沉淀的色彩特征。

1. 文化地理学

城市色彩承载着地域文化，随着时间的延续，形成了地域独有的特点，具备了地域独有的精神品质。文化地理学有助于研究文化在不同地域空间的分布情况。在文化地理学中，文化被视为现实生活实际情景中可定位的具体现象。文化地理学研究了文化的消费和生产、居住地区是怎样对其居民产生影响和作用的，并对界定人的"地方性"这个问题进行了努力探索。

2. 文化人类学

《美国百科全书》指出，"人类学，是从生物和文化两个角度来研究人类的一门科学。人类学中牵涉把人类作为一种动物的那部分，称为体质人类学；牵涉由生活在社会中的人所创造的生活方式的那部分，称为文化人类学。没有哪个人类学家个人能够都精通这两大分支学科。不过，完整的人是所有人类学研究的焦点"。[81]

伦敦大学的人类学专家马林诺斯基（Bronislaw Malinowski）说："人类学是研究人类及其在各种发展程度中的文化（cultuere）的科学，包括人类的躯体、种族的差异、文明（civilization）、社会构造，以及对于环境之心灵的反应等问题之研究"。[82]

城市色彩作为城市文化内容的一部分，是人类文化现象的一个专业性分支。从文化的角度探索城市色彩的文化发展史，有助于把握城市色彩形象的地域本质特征。

3.4　城市色彩研究方法评析

目前世界上大多城市色彩的研究方法是由法国朗科罗教授的色彩地理学衍生出的。在城市色彩现状调研中采取了更为先进的技术手段，在色彩的梳理及推导中大多以现状色为设计基础，城市色彩色谱以复合灰为主流选择。这里将介绍国内外较有影响力的城市色彩机构及实际案例，并对其设计研究方法进行解析，分析城市色彩研究方法的欠缺之处。

3.4.1　色彩地理学

色彩地理学是法国让·菲利普·郎科罗（Jean-Phlippe Lencols）教授独创的学说，介于自然科学和社会人文科学之间，是在"新地理学"的基础上，从地缘及其文化学的角度来审视、考察和研究色彩及其相关问题的学科。郎科罗指出："每一个国家，每一个城市都有它自己的色彩，这些色彩在很大程度上参与组成了一个民族和文化的本体。"[83]城市色彩是自然物质的供给和传统文化习惯相互作用的结果，从而形成了此地的特色。尽管现代文明使这种外在特征大大淡化，但是，那种潜在而根深蒂固的传统精神却是难以割断的。色彩地理学主要包括三个内容：

第一，景观色彩特质是城市色彩研究的基本理论。一方水土，养一方文化；一方文化，显一方景观色彩特质。在研究流行色的时候，人们往往忘记了那个相对于流行色的非流行色的要素。而景观色彩特质其实就是特定地域中的相对稳定的非流行色要素，它反映了特定地域中人们比较稳定的传统的色彩审美观念。当然，所谓的非流行色要素，并非是一成不变的，而是其变化相对缓慢而已。

第二，"色彩家族学说"为色彩审美构成提供基本原则。"色彩家族学说"，是郎科罗教授发现的一种可以解释色彩和谐规律的学说，指由同一性要素构成的颜色组群，较容易产生和谐感，另外它还涉及材料感的和谐，以及社会审美流的问题。郎科罗发现，被人们认为和谐的色彩，随着社会文化的发展、城市主体对此的评价标准发生改变而变化。因为时间变化了，原来被认为美的、和谐的关系，会不同程度地发生变异。这就是所谓的流行色现象成因之一。

除了社会时代的演变导致色彩家族形成及其改变之外，色彩家族的存在，还因为我们社会中存在着各种不同类型、不同年龄、不同性格、不同民族、不同性别差异的人。这些人对色彩美的选择和认定，也是使色彩具有家族形态特征的原因。换句话说，社会中不同类型的人，对色彩选择是有共同的特征的。

第三，"新点彩主义"为色彩营造提供了一种技术方法。"新点彩主义"学说，是颜色空间混合的构成方式。主旨是研究如何让呆板的色谱通过颜色间的组合产生运动感，而使之有生命。

3.4.2　国内外城市色彩研究进展

随着国内外越来越多的学者对城市色彩研究领域的进驻，国内外的城市色彩研究衍生出了几个知名流派。如法国郎科罗教授的以回归历史为重点的色彩地理学，日本吉田慎悟以崇尚自然与人和谐相处的城市色彩设计理念，以及国内逐步形成规模的城市色彩设计团队都是本书研究的对象。

1. 国外城市色彩研究主要机构

意大利都灵是现代城市色彩的先导。随着经济、文化和建筑业的发展，美国、日本、法国、葡萄牙等其他欧洲国家相继出现了专门为建筑进行色彩规划与设计的机构，城市色彩迅速发展起来。其中以法国和日本的城市色彩研究最具代表性。

1）古色复原——都灵城市色彩研究

意大利都灵是一个历史悠久的小城，因其城市色彩研究起源早，并且涉及范围广，而成为欧洲国家从城市的角度研究色彩并加以运用的典例。都灵的城市色彩研究以城区古建筑立面的复原为出发点，结合城市现用色彩，拓展古城原有的色系，并制作色彩样板墙以指导建筑物的粉刷。都灵城市色彩研究通过文献查阅古城色彩，以古建筑物色彩复原为出发点的思想，唤起了学术界从城市环境保护和延续角度对于城市色彩的思考。

2）描摹历史——法国城市色彩研究

让·菲利普·朗科罗的"色彩地理学"，工作成果主要表现在地方性色谱的采集、提取和归纳总结，注重对研究对象色彩的直观表达。工作目的在于表现地域中建筑的色彩与该地域自然地理环境以及人文地理环境的密切关系，为实现地区性保护及发扬在建筑色彩的选取方面提供了依据。朗科罗是第一位提出将色彩看作根据自然规律而存在的独立要素，赋予色彩与我们日常生活相关的个性的学者[84]。"色彩地理学"的研究原理类似于区域地理学的研究方式，是对地球表面分部分研究。在选定的地区内观察所有地理要素及其相互作用，将该地区的特征同其他地区相区别，认识处在不同地域中同类事物的差异性。主要研究每一地域中民居的色彩表现方式与景观结合的视觉效果，考察这些区域人们的色彩审美心理及其变化规律[15]。

3）师法自然——日本城市色彩研究

日本城市色彩规划关注"人造色"与"自然色"的和谐；考虑色与色、色与形、色与环境等相互间的各种关联，先研究建筑物外部的基调色，再制定设计方针。日本环境色彩规划专家吉田慎悟认为："通过对地区色彩的调查和研究，色彩设计者提炼出该地区应具备的色彩，与适宜的形式和材料共同创造出一个创新而美丽的环境。"[85]并指出："营造景观区不再以保持传统地区的那些历史建筑为目标，而是探索一种与当代生活相融合的市镇存在方式，不仅要保存古老而有价值的东西，建造迎合时代元素的新建筑时，也应该继承街区的个性，保持统一感"[51]。

在方法上，日本借鉴了法国色彩学家让·菲利普·朗科罗教授的经验，并因地制宜，发展创新。在实地采样中使用电子彩色分光测量仪器，为该地区未来进行建筑色彩的规划和设计提供更加精确的现状数据库，使设计成果能够得以准确地表现[14]。除了做这些大城市的色彩规划，日本还善于把这种色彩规划变得更加具备可操作性，同时还尽量量化。例如，在川崎城市设计和实施中，划分了非指定色彩设计区域、指定色彩设计区域和指定色彩及图案设计区域三个不同区域。《熊本色彩指南》则采用了按11个色调群分类的色彩系统，把对景观影响较大的颜色的彩度类别分为非彩色群、低彩度群、中彩度群和高彩度群四个档次。在过程中，他们对城市居民进行色彩取向调查，关注人对城市环境色彩的态度。在技术上，他们在实地色彩采样中使用电子彩色分光测量仪器对色彩进行数字标注，通过用CG（电脑图形）制作三维模拟实验模型来研究建筑间细微的色彩关系。

2. 国内城市色彩研究的主要案例

1）长沙城市色彩规划设计研究

西蔓团队在长沙城市色彩规划设计中采用的方法为：科学记录、管理、控制色彩——寻找传统，继承优化，发现问题，去色改错。历史区域色彩规划突出历史景观，功能区域色彩规划符合各功能景观特征。

在对构成长沙自然景观色彩的土、沙、石、水、四季植物等的色彩测定中，西蔓团队认为长沙土壤色的色相相对集中，纯度适度，明度分布幅度大，并且土壤色极具地域代表性特征。将这些色彩通过城市色彩规划的专业设计手法，分离提取出不同明亮程度和鲜艳程度的色相色彩，形成色彩印象各异、浓淡层次丰富的色调，融入其他有助于构建和谐城市景观的色彩，形成了以暖色系的红橙黄为表现的暖灰色系的长沙市专用色谱。

基于对长沙城市色彩现状的全方位调查与分析，结合长沙城市总体规划的目标定位与发展方向，西蔓团队在构建长沙城市色彩规划专用色彩体系的过程中，多角度地考虑影响长沙城市色彩规划的相关因素，制定了四项发展方针，并根据每项方针逐一制定了相应的色彩规划原则。

长沙城市色彩发展方针及原则　　　　　　　　　　　　　表3.1

发展方针	方针内容	对应控制原则	原则内容
一	促进山、水、洲、城间的色彩和谐共融	色相限定原则	1.尊重长沙市建筑物传统惯用色； 2.建筑物基调色以暖色系色相为基础
二	构建统一协调的城市横向景观秩序	明度控制原则	1.以让建筑基调色融入周边景观环境为控制前提； 2.统一特定区域周边建筑物基调色明度
三	构建变化适度的城市竖向景观秩序	纯度限定原则	1.严格限制大面积使用高纯度色； 2.以建筑物低层部位为中心适度展开运用高纯度色
四	构建层次分明的城市纵向景深秩序	视距导入原则	1.营造与自然景观相协调的远景色彩； 2.体现街区景观连续性的中景色彩； 3.创建适合行人观赏视线转变的近景色彩

（来源：http://www.csup.gov.cn/publish/CS2010ShowPublish.asp?xmnumber=855）

2）泉州城市色彩规划研究

为解答泉州城市提出的色彩命题，根据学理依据和以往的经验，宋建明团队将实况调研、多维分析、目标推演、系统构建等多种方法组成了一个方法体系[86]。研究的主要对象是从城市特色维护和发展的角度设想城市色彩营造的问题。目的在于从色彩学的角度和方法正确解读城市色彩特征与问题，了解城市色彩的历史成因，研究色彩文脉延展的规律和探索如何保护古城的外观特色，同时在旧城综合保护和有机更新的过程中提供科学的方法。在这个过程中，还要研究城市色彩特征与城市现代发展的对接，传统建筑的色彩语言在遭遇新建筑形态时的最佳转型，并且为城市新开发区制定合适的建筑色彩范围，以便使该城区建成后能够形成理想和谐的城市景观色彩效果。

泉州城市景观色彩主旋律概念总谱系统——色彩的筛选与效果验证，根据色彩与城市景观之间的和谐程度，结合视觉判断，对现况色彩进行筛选和梳理。剔除现况中的"问题色彩"，保留相对合理的色彩，置入泉州典型的城市景观中，看其能否与景观环境完好地融合。运用色度学理论梳理色彩，通过家族谱系分类排序。城市景观色彩主旋律概念总谱主要由3个子系统构成，即屋顶色彩概念总谱、墙面色彩概念总谱和点缀色概念总谱，它们共同构成了"丹彩之城"泉州的城市色彩主旋律。

相较于法国的色彩地理学，在城市色谱总结中，宋建明团队的规划研究的类别划分更详细。与此同时，更关注中国传统文化，如写意山水，无色即是有色等。

3）广州城市色彩规划研究

为了科学、完整地提取广州城市色彩初级总谱，由郭红雨主持的广州城市色彩规划方案利用色彩分析软件、专业配色软件等计算机处理技术，整合自然环境色谱、人文环境色谱、人工环境主辅色谱与点缀色谱，综合得出了广州城市色彩初级总谱，包括主辅色谱和点缀色谱。

广州城市色彩总谱的提取，以人工环境色彩为主，但是为了寻找属于广州本土的城市色彩总谱，还要综合考虑自然环境色彩与人文环境色彩的影响。为了表达广州城市色彩体系的独特性，需对广州的自然及人文环境有较多的了解。同时，通过前期的分析比色，来协调城市自然色彩与人工环境色彩，将广州独特的人文环境以色彩基因的形式置于推荐色谱中。在对广州各类色彩环境色谱整合推演的基础上，整理出的广州城市色彩即为广州城市色彩概念总谱。

4）哈尔滨城市色彩规划研究

由吴松涛主持的哈尔滨市城市色彩规划注重城市历史文脉的延续，根据挖掘—继承—发展的原则，深入研究，形成特色。针对冬季城市的气候特点，城市中的建筑色彩强调暖色调，尤以米黄色和黄白相间的暖色调为主，以适应哈尔滨冬日的严寒气息。同时，哈尔滨的欧式建筑是该市传统建筑风貌的精华，这种建筑色彩奠定了哈尔滨城市色彩的基础，即以米黄、灰白为调，构成基本色。哈尔滨的色彩控制原则为："适应冬季城市气候特点；注重历史文脉的延续性；突出时代性与现代感"[86]。哈尔滨色彩定位方法：第一，对城市历史严格进行分析，提取具有代表性的历史时间段及其相对应的城市色彩文化予以体现；第二，对城市现状色彩进行提取，分析各类色彩出现的频率和所占比重，分类加以利用；第三，利用问卷调查，分析公众的色彩取向，吸取其中有益的部分；第四，从城市旅游者角度对城市进行全面调研，利用调研形成的印象并结合专业素养、对未来城市发展模式的预测，对城市色彩进行总结归纳。

哈尔滨传统保护区及周边区的主色调为"X+白"。"X"以米黄色为主，辅以洛可可装饰风格的色系；"白"以装饰线脚及檐口色为主，适当加些点缀色为砖石本色与红褐色。城市设计结点区要单独编制城市色彩重点控制区及色彩环境整治规划。宏观控制区无明确色彩定位，但坚持区位功能与性质决定建筑风格、建筑与环境风格决定色彩的控制原则。

3.4.3 城市色彩各学科研究状况

现今，城市色彩不仅引起了国内外设计机构的广泛关注，也引起了多学科的研究兴趣。

各相关学科对城市色彩研究的关系及积极作用[18]　　　　　　表3.2

相关学科	与城市色彩研究的关系	对城市色彩管理与规划实践的积极作用
信息论	从信息学的角度重新给出色彩最完整的科学定义，让人们重新认识色彩	改变了人对城市色彩的认识，重新解析人与色彩的关系，为城市色彩管理与规划提供新的信息和思路
控制论	为城市色彩研究提出了新的研究角度，让人们认识到城市色彩是可以控制的	确定了人是城市色彩的主体，利用有效的系统和管理手段来控制人的行为，进而对城市色彩进行控制和管理
系统论	引入系统论可以对城市色彩整体研究构架和各要素之间的关系进行合理的划分	确立了"城市环境"的概念，对城市环境进行划界，对城市中的大系统、子系统进行准确定位和分析，为城市色彩的管理搭建一个科学平台
协同学	有助于寻找和研究城市色彩各要素之间的协调关系和共同规律	有助于解决城市系统之间相互作用问题，以及色彩各要素之间相互影响问题，为城市色彩地域性形成与发展提供了重要的认识指南
混沌学	有助解释色彩学中一些内在的规律和特征，为城市色彩未来发展趋势研究提供了理论支持	让城市管理者和规划师认识到城市中色彩不是单独存在的，城市中任何要素的改变都有可能引起色彩的变化，对其管理和规划应从城市的宏观角度出发
突变学	对城市色彩演变中某些突发性的色彩变化提出了合理的解释	为城市中某些具有特殊性质或特定需求的区域色彩突变提供了依据，也为城市管理者和规划者提供了参考
管理学	形成色彩研究新的分支，提醒人们应注重色彩的运用在后期管理方向的研究	科学的管理方法是促进城市色彩有序发展的有效手段，提醒人们在进行规划时应考虑管理的可行性和便捷性

3.4.4　当今城市色彩研究方法的缺陷

综合国内外设计机构对城市色彩的研究，通过对比分析，这里对当今城市色彩研究方法进行了评析，找到其缺陷，并提出了相关的解决方法和构想：

城市色彩设计理念及操作方法　　　　　　表3.3

城市色彩设计理念	城市色谱转化操作方法
色彩提炼	色彩物理属性限定，满足生理层面需求；寻找传统，色彩优化，纠错改错，色彩精减；依据功能分区决定色彩纯度
色彩梳理	色度演绎，灰度统一；结合传统，山水写意
色彩整合	对比现状，协调自然色与人工色
色彩推论	区位功能与性质决定建筑风格；建筑与环境风格决定色彩；适应气候，取建筑各时代主流色作文脉延续
色彩原型	利用视知觉，有限度地转化；挖掘地域传统，拓扑法转化
色彩控制	以现状评价为基础，以色彩控制为目的

1. 单纯强调物理属性的协调

一味追求纯度协调，导致复合灰为主流选择。但中国并非是单纯崇尚灰色的国度。由色彩的艺术性可知，色彩和谐不等于单纯的视觉和谐，色彩的和谐，只能建立在相应地震颤人精神的原则之上，而非表面的色与色、色与形、色与环境的和谐。

苏格拉底（Socrates）认为，"哲学不能单纯研究自然而放弃人事和道德实践领域，心灵就是世界的本原，人的心灵内部必然包含与世界本原相符合的原则，应该在心灵中先寻找这些内在原则然后再以此去规定外部世界，这个心灵的内在原则就是德行与真善一体和知行合一，每个人的心灵都蕴藏着这个真理"[87]。因此，单纯追求色彩自然属性的协调并不代表城市主体真实的意思表达，而应从城市主体内心的"德行"出发，以此规范城市色彩。

2. 缺乏对城市主体生存的人文关怀

只关心手边"问题"，而对城市色彩设计最根本、最终极的目标缺乏思考，未对能代表该地域人的色彩是什么、为什么能代表、为什么又仅能代表该地域等相关问题作深入探究。现阶段国内色彩调查仅仅停留在物质层面，并未涉及人的精神层面，关于文献历史的查证、民俗节日的研究，也仅采集表面色彩。忽视人文特质中的色彩传承，导致城市色彩文化底蕴的缺失。文化是一个民族的根本，城市色彩作为其载体饱含着集体记忆。

直接单纯从不同的景观进行色彩筛选、删减噪色得出色谱，必然导致城市色彩主色调之争、缺乏集体认同。这也是目前城市色彩研究中完全依赖实证主义、忽视运用人本主义对城市主体生存状态进行终极思考的结果。

实证主义思潮的主要诱惑力是数量化：以数学或统

计学的形式来转化信息，即用一种具有精确性、可重复性以及确定性的方式表达研究成果；以一种严谨的方式提交研究成果，并考察可发现规律性形式的可能性，最终强行赋予研究城市一种色彩。然而，城市色彩的人文精神和人文品格并非由设计者来赋予或强加于其外化的特征，它决定于城市精神及城市主体意识。因此，尊重人、关怀人，一切以人的生命存在和生命活动为中心，就必然成为城市色彩创作最根本、最重要的原则。

实证主义以机械的方式来表达城市色彩，诺伯格·舒尔茨（Norberg Schultz）"从功能的角度出发就抛弃了最具体和最基本的，具有特性的场所，不能以分析的、科学的概念对待在质上具有整体特质而又十分复杂的场所"[88]。而在人本主义思潮中，把城市色彩作为有思想的人的理念显现，强调还原人本来面目，它的目标是认识人类活动的真实性质。

人本主义在本体论上，倡导终极关怀和本体追求的精神，试图为心灵失落的现代人重建安身立命的形而上学；在方法论上，反对科学方法的独断性和普效性，主张重视想象、隐喻、内心体验、无意识探索和解释学等；在人文问题上，反对把人当作科学的对象和理性的奴仆，从诗性的途径去把握具有感情、直觉、欲望和意志自由的人；在"价值重估"的旗帜下重新揭示人的存在本质、意志自由和价值内涵。

城市是一个充满人类活动和各种意义的世界，如果仅仅把它作为一种单纯的物质实体，城市设计师面对具体、现实的设计任务，便很难自觉地从哲学、美学的高度去探讨城市的终极目标与意义，甚至也很难对地域的理念作深入、细致的体察和分析，仅仅沉湎于色彩的表面形式、结构与空间等一类"真实"的存在之中，对操作的技术手段投入巨大的热情和全部的精力，而对研究的终极目标却相对漠然，因此可能导致城市色彩伦理的丧失和形式主义的泛滥。长期以来，我们的城市色彩理论和设计无形中引导并支持着这种思维方式，我们将城市色彩仅视为单纯客观的物质对象。这种传统的对城市色彩存在方式的认知，是与传统美学只注重审美客体而忽视审美主体，只把审美活动当作一种把握对象的方法而不是人的生命存在方式的思想观念直接相关的。在这种思维方式和美学观念的引导下，城市色彩建设忽略了人本身、人的行为方式、价值观念、审美取向等这些决定着物质存在、目的与意义的关键所在。

造成这种局面的根本原因是当前中国设计价值观念的颠倒和丧失，本末倒置的现象不是个别的而是普遍的，不是偶然的而是必然的，它甚至成为当代城市理论与实践的一个根本特征，不能不引起人们普遍的关注和深思。要扭转这种局面，就必须从根本上反思我们的城市色彩价值观念和价值取向，探寻并追问城市色彩存在的内在和终极的价值与意义，追寻城市主体与城市色彩的关系，追寻城市色彩的内在核心及设计源头。惟其如此，才有可能获得城市色彩创造与评价的真实依据，从而把握城市色彩活动的正确方向。

第四章

城市色彩形象
识别原理

城市主体对城市色彩的认识总会打上地方的烙印，这种认识是以城市主体所在的文化集团为起点和基础的。人总是通过所在地域身边的事物来认识这个世界，因此，研究任何事物都不能不考虑它所处的环境。凡是生活在相同地域的人，都会有共同的文化认同、价值理念，以及对文化符号的感知本能。文化的世界，正是通过"符号活动"在人与文化之间架起了桥梁，城市色彩便是这种文化符号的形式之一。好的城市色彩如同一座桥梁，能够实现城市形象的识别性，使城市主体认同自我所在地域。

4.1 城市形象概述

形象是一个内涵极深、外延极广的概念，弄清楚其本质是城市形象研究的前提和基础。笔者拟从"形象"的词源考证入手，对形象的范畴作全面而细致的分析和探究，从而揭示形象的本质，以期对城市色彩形象的本质有更深入的研究。

4.1.1 形象析义

"形象"，由"形"与"象"两个词构成，理当是个合成词。《荀子·天论》云："形具而神生。"《孙子兵法·虚实》云："兵无常势，水无常形。"王允《论衡·齐世》云："形而且恶。"显然，古人所言之"形"字的基本意思就是形体、形状、（人之）容貌等。

关于"象"，最先说"象"而又说得最多的应该是《易》（或名《周易》，或名《易经》）[89]。《易·系辞传》云："八卦成列，象在其中矣。"其中的象指卦象。《韩非子·解老》："人希见生象也，而得死象之骨，案其图以想其生也。故诸人之所以意想者，皆谓之象也。"其中的象指人脑海中意想的图景。

1. 形象的含义

随着时间的推移，形象的含义也在与时俱变，现代许多学者已对"形象"概念进行了多维度的审视、界定，这为我们今天更科学、更准确、更合理地界定现实中实存着的以及人们观念中的"形象"提供了有益的参照。

陶淑艳、殷雅平认为，形象可以有不同的含义[90]。形象的第一层含义是指表面的形状与外貌，如人的长相、物体的形状。这层含义下的形象的概念，其客观依据在于：在多种多样的物质形态中，确实有一部分物质，如某个人、某块地等，无疑具有确定的形状、明晰的边界。这种具备确定的形状、明确的边界的客观个体给人留下的视觉表象，就是该个体的形象。如此形成的形象的概念，从认识主体的角度来说，离不开视觉器官，这种形象实质上是视觉形象。就形象所反映的对象来说，它有两个特点：第一，主要是反映看得见、一览无遗的单个的事物，这种形象是个体形象；第二，主要是反映这些单个事物相对静止的状态，这种形象实质上是静止形象。

形象的第二层含义是指同类事物与本质相一致的感觉表象。同类形象概念的形成，标志着形象概念开始走上了现象与本质相统一的发展道路。同类形象虽然是建立在"个体形象"或"感觉形象"的基础上，但通过比类取象，只保留了那些和本质相一致的感觉形象。这就为准确的形象识别和形象表达奠定了坚实的理论基础。

形象的第三层含义是指组织的象征。"组织"不同于"类"。类与个体的关系是一般与个别的关系；组织与个体的关系，是整体和部分的关系，或者说是系统与要素的关系。组织的性质，既不是各个组成要素共同特征的抽象，也不是简单地重复各个构成要素的性质，而是具有单个要素所没有的新性质。组织是具有特殊性质的系统。第一，组织是人们为了特殊的需要而建立起来的，因而是具有共同目标和社会宗旨的系统。第二，组织内部不但包括人的要素、物的要素，还包括过程性要素、关系性要素和精神性要素，因而是复杂系统。第三，任何组织都要与周围环境进行物质交换、能量交换、信息交换，因而是开放系统。抓住一个组织的主要矛盾的主要方面，也就基本上弄清了这个组织的性质，从而也就可以用这个主要矛盾的主要方面来代表这个组织，这个组织的象征就代表了这个组织的形象。组织形象是一个象征系统。选择并塑造能突出地表现一个组织性质（特别是本质）的若干实物个体，就可以构筑起该组织的形象系统，这也是一切组织的形象系统工程必须完成的根本任务。

形象的第四层含义是指符合理想或理念要求的感性表象。艺术形象的塑造主要靠形象思维，艺术形象是审美理念的感性再现。形象思维突破了逻辑思维"异类不比"等诸多限制，使得原本抽象而只能靠思维来把握的理念和理想也变得具体生动起来。"形象"概念的适用对象，从"组织"发展到"理想和理念"（包括个人的、组织的、人类的理想和理念），是"形象"概念的第三次飞跃。

2. 形象含义的延展

"形象"一词在逐渐社会化的过程中也在改变、深化。英文中与"形象"有关的用词逐渐由"figure"（即外形、轮廓、画像、塑像），到"image"（即石像、图像、形象），又发展到"identify"。动词形式的"identify"有"确认、证明某人（某事物）"的意思，名词形式即"identity"有"本身、本体、身份"之意，即个性、特性、识别性。由此看出，人们认知有思想的他物是靠身份、本体、个性等标准来进行的，否则无法区分。传播学者认为，形象是物质运动过程中产生的信息经过大脑形成映像后在特定条件下通过特定媒介的输出。在此过程中，形象的主要作用是完成记忆、储存、识别和传达等认知功能。

从形象学的角度来看，形象是主体（客观存在的人或事物本身）、客体（人或事物的观察者、反映者、思想者）、主客体三个维度的综合。"从主客体结合的角度而言，形象是人们在一定条件下对他人或事物由其内在特点所决定的外在表现的总体印象和综合评价。"形象既是客观主体的表象，也是客观主体的本质反映形式，是现象和本质的关系，也是具象和抽象、物质和精神的统一。也可以认为：形象是关系，是人与一定条件的物在特定条件下的关系①。

3. 城市形象的含义

城市形象是城市独有的地域文化、城市精神、城市性质、城市区位和城市底蕴的综合反映，是城市重要的无形资产，体现着城市的价值。从形象识别设计的角度来看，城市形象是可被感受，也是可被认知的，它是城市的内在素质和文化内涵（隐性层面）在城市外部形态（显性层面）上的直观反映，是一个城市特色的集中体现，是一个城市区别于其他城市的根本所在。

城市形象涉及以下三个要素：

1）城市形象是一种综合认识的结果。这种结果就是对该城市的总体印象，即城市形象。由此，我们就能意识到城市形象决非人们对某城市个别因素认识的结果，而是一个综合认识的结果，城市形象因此具有综合性认识的特征。

2）城市形象是留给人们的一种总印象。城市形象这一客观的东西是通过人们的主观印象表现出来的。在这

① 城市形象的内涵、定位及其有效传播http://guancha.gmw.cn/content/2010-07/15/content_11802Z3.htm

里，城市印象是通过公众的主观印象表现的，离开了公众这一感受对象，城市形象就无从表现。因此，城市形象具有主观表现性的特征。

3）城市主体是城市形象的主要感受者。就一个城市来说，它面临着众多的不同个体，这些不同的城市个体对同一座城市往往有着不同的要求和期望。因此，要塑造符合涵括所有公众期求的城市形象，首先必须依据不同的城市群体的期求来思考如何塑造他们满意的形象，然后再进行总体协调，最后形成一个既能使广大公众都基本满意，又能使各类特殊公众感到满意的总体形象。因此，城市的形象是在针对不同公众而设计的特殊形象基础上形成的。因此，城市形象又具有公众针对性的特征。

由于城市形象是一个综合的感觉，因此，城市形象是可描述、可评价、可设计的。城市形象的好坏取决于城市形象的无形和有形两个方面。城市形象的无形方面是指城市本质特性的抽象概括，主要反映城市内在的方面，如城市的精神、文明程度、市民素质等。城市形象的有形方面是指城市内在特征在外部的传达与表现，如景观风格、城市特色等。根据城市形象的"实形"与"虚像"，城市形象可分为九个要素。

城市形象九要素　　　　　　　　　　　　　　　表4.1

城市形象 （"城市人"）	实形	头脸（政府机关等）
		五官（城市文化设施等）
		躯干（各职能部门、主城区等）
		手足（各功能区等）
		毛发（植被生态等）
		肤色（城市色彩等）
	虚像	神情（城市印象等）
		气血（城市文化艺术等）
		精骨（道路河流等）

4.1.2 城市形象的特征

城市形象是人们对城市的综合性认识，每个城市都有各自的形态特色，城市形象是城市所有资源的整合表现。

城市形象具有主观性、可识别性、系统性。

1. 城市形象的主观性

城市形象是在城市客观现实的基础上形成的。但是，城市形象作为人们对城市的一种综合性认识与总的印象，却使得城市形象在表现上反映出城市的主观性特点。也就是说作为认识、评价城市形象的主体——公众，有着各自不同的认知能力、认识水平，他们的思维方式、价值观、利益观、审美观都各不相同；另外，他们观察城市的时空条件，评价城市的角度、标准和环境都有区别，因而就使得他们对同一城市所产生的感知和认同也不尽相同。

2. 城市形象的可识别性

世界上的城市形态各异，千姿百态。因此，城市形象要达到强调城市个性的目的，必须通过一定的方式进行区别，所以，城市形象具有可识别性。如果说一个城市的形象很美，这只是通俗的说法，具体美到什么程度则可以用城市精神、城市色彩、城市特色等加以区别。

3. 城市形象的系统性

由于城市形象是对一个城市内在和外在的综合评价，因此，对城市形象的描述和评价就不能只针对一个方面，而应涉及许多方面。因此，城市形象具有系统性的特征。一座城市必须采用城市形象识别系统CIS（City Identity System）的方法，以改善原有的不良形象，完善城市形象，从多方面对城市形象进行系统的筹划与建设，以塑造美好的城市形象。可见，城市形象是一座城市的资源、

图4.1 城市形象塑造目的

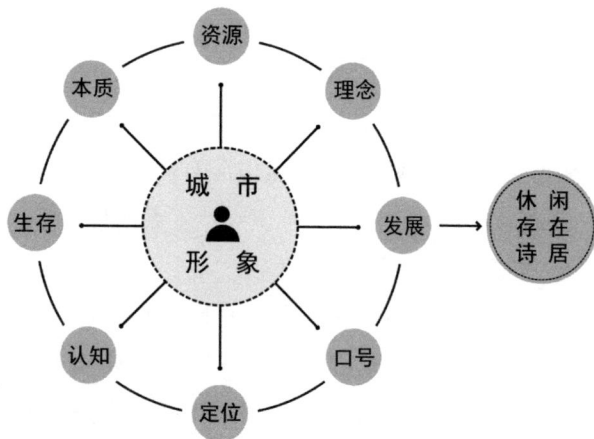

发展、理念、定位等全方位因素的集合，因此，城市形象塑造的目的在于使生活于其中的城市主体实现自我的存在，达到诗居的生存状态。

4.2 城市形象识别系统

城市形象系统表现为一定层次上的结构性关系，它既有一般事物形象系统要素的结构性，又有城市所属的形象系统的特殊性，其范围很广、结构复杂、整体庞大，包含的分支系统既有外在的显性系统，又有内在的隐性系统。这里从城市的主体——"人"的感知的角度，将城市形象识别系统划分为深层的需要间接感知的城市理念识别系统和表层的可以直接被感知的城市感知识别系统以及城市形象行为识别系统，把"人"作为城市的主体，用"人的感知"来作为划分的标准，因此，以此为核心的有生命力的城市形象结构，更具有整体性、社会性和人性。

4.2.1 城市形象理念识别系统

如同人一样，一座城市都有其理想和精神，而这种理想和精神实质上也就是一座城市之"魂"[91]。城市形象理念识别系统（英文Mind Identity System，简称MIS），指向城市精神，即城市的理念识别，引申为城市独特的价值观、发展目标等，集中表现为城市的整体价值观及城市市民的整体价值取向。城市形象理念是城市深层的精神文化的高度概括和升华，是城市性质、城市发展战略、城市文化的体现，是对城市总体价值取向的一种综合性表述。城市形象理念识别系统，是城市形象系统性存在的灵魂，其内涵是深层的精神文化。

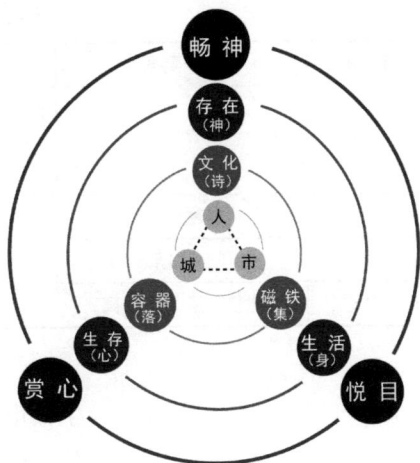

图4.2　城市形象识别系统与城市主体间的关系

　　其中，城市性质反映城市的"空间"方位和时代要求，构成城市形象理念的基本内容和出发点；城市发展战略具体表现为不同时代、不同时期的发展方针和指导思想，城市文化指城市发展历史的延续、文脉的承接以及市民精神状态等。

　　城市形象理念识别系统是城市形象系统的核心和原动力，是其他子系统建构的基础和依据。城市形象理念识别系统作为城市形象系统的核心要素，是沟通、凝聚城市市民的思想、激发公众积极进取的有效途径，具有导向力、凝聚力，辐射力、激励力和稳定力，并影响城市市民行为的价值取向。

　　城市形象理念识别系统是城市形象的人格化体现，城市形象理念所展示的是城市精神等无形形象。因此，我们将城市形象理念识别看作是城市形象整体系统的核心，即城市形象系统的"想法"。

4.2.2　城市形象感知识别系统

　　任何一个有过一定生活经历的人，来到一个新的陌

人类感知识别的要素和内容　　　　　　　　　　　　　　　表4.2

感觉知觉	设计要素	人工要素内容	自然要素内容
视觉	图形、色彩、材质、光	建筑物、构筑物、街道、产品、民族、文化、民俗、空气、地形、地域传统	阳光、山水、气候、植物、动物、时间、区位
听觉	借物传声	人声、器乐声音	风雨、雷电、流水、动物、植物
嗅觉	随物散味	人工物质气味	自然物质气味
触觉	体量、肌理、距离	人工物体量、肌理	自然物质肌理、体量

（本源：本研究整理）

生城市，都能感受到这个城市特有的文化内涵或个性的形象，从而产生抹不去的感受、"印象"、"意象"或"形象"。人从认识城市到了解城市，都离不开感知活动的参与。

城市中被感知到的部分构成了城市主体基本的感受，基本的感受如果与已知的文化符号产生共振就会产生"重要印象"。城市形象可以借助视觉、听觉、触觉、嗅觉等感知手段来形成人们心理的综合感受，从而创造出可以感知的形象和氛围，而在它的创造中，自然要素、人工要素、人文要素都是它的涉及范围。

由表可知，城市色彩在城市形象识别系统中处于感知识别中的视觉部分，是形成城市形象的重要组成部分。色彩本身是物质的、表层的，但城市色彩是由其背后的深层文化动因所导致而形成的，其具体的表现形式则是由城市理念识别系统所决定。

从传统西方美学的角度来看，色彩在所有视觉体系中是占绝对统治地位的。在城市视觉激烈的竞争氛围中，色彩有足够的能力参与竞争。城市色彩会引发城市主体思维的联动机制，诸如震撼、记忆、印象，从而感受到城市精神文化的内涵。城市色彩隶属于城市感知识别系统，并在其中占据主导地位，它由多个要素组成，能够影响城市主体的行为，彰显城市理念识别系统的相关内容。

4.2.3　城市形象行为识别系统

行为识别，是一种动态的识别形式，它是将城市行为或活动以及市民和城市内部各组织机构的行为统一化，以体现城市理念的要求，达到塑造城市形象的目的[92]。城市理念是城市行为识别的基础与原动力，城市行为识别是在城市理念统摄指导和制约下进行的，它通过对城市活动的统一规划，形象地体现和传达城市理念。

在城市形象识别系统中，行为识别涵盖了最宽泛的领域，从广义上讲，它包括了城市主体的所有行为。当我们在对城市行为识别进行理论探讨时，最容易与其他领域产生交叉，相对而言，它比较缺乏系统性，是城市形象识别系统理论中最为薄弱的环节。

城市行为识别系统是城市理念的动态传播，包括城市内部行为子系统和外部行为子系统两个方面。前者立足于规范城市内部公众的行为和城市对内部公众所采取的行动，后者着眼于规范城市外部公众的行为。两者的目的都是让社会公众接收到统一的信息，以求塑造良好的城市形象。

4.3　城市色彩形象识别原理

人的意识对于对象总是先形成表象，然后才形成概念，而且唯有通过表象，依靠表象，人的能思的心灵才进而达到对于事物的思维的认识和把握[93]。对形状、色彩的把握能力会随着观看者所在的物种、文化集团和受训练的不同而不同。城市色彩引起城市主体内心的共鸣，以达到对观念、价值、传统的认同，实现城市主体意识与城市精神一体的存在，这是决定一个城市之所以成为一个城市的根本所在。

城市色彩形象识别设计通过同一性的原理，即城市主体精神与城市色彩所表达精神的一致，使城市主体达到艺术化生存的状态，表现为认同和归属。认同，即城市主体的良善与纯真的意识在城市色彩中得以显现；归属，即先验中的良善与纯真回归心灵，城市主体直接感知到自我。

究竟以什么来作为同一性判断万物的尺度？每一个人都是存在或不存在的尺度，外物对于一个人来说不同于另一个人，正因为对一个人来说存在着并向他显现的东西不同于对另一个人来说存在着并向他显现的东西。同一与相同是不同的概念，同一把区分聚集为一种原始统一性，相反，相同则使之消散于千篇一律的单调统一体中。

4.3.1　识别的构成

"识别"这个概念并不是恒久不变和始终如一的，它从一开始就处于变动、发展和演化之中，常常具有多种不同的用途。

识别具有内敛性和外散性。一方面，识别是一种向内的自我深度感，是一种自我价值和自我意义的发现和肯定；另一方面，识别是人的自然属性、社会属性和精神属性的集中反映，人的自我感来自外界、他者，最终也必然回到外界、他者。像任何其他事物一样，识别观念的内在要素和成分是数不胜数的。而且，从不同的视角来看，内在要素和内在成分的显现和重要性也不尽相同。不过，从我们对当代认同危机现象的分析中可以看出，识别有四个关键性的构成成分和要素，即连续性（continuity）、整合性（integration）、同一性（identification）和差异性（differentiation）。

第一，识别的连续性。识别范畴中的连续性成分，指的是一种自我体验和自我经验感，它造就了一种时间和空间意识。城市色彩识别设计就在于使城市主体体验在时空中存在的自我一致性和连续性的知觉。

第二，识别的整合性。识别中的整合性是指现代人的识别中应当具有的一种整体感（a feeling of wholeness）。简单地说，就是"我"与整体的动态的整合关系，其功能在于把外物融入自我意识之中，形成一个整体。

第三，识别的同一性。识别中的同一性就是具有一种与他者保持同样性的感觉（a feeling of being like others），是"变化中的同态或同一问题"。或者说，所谓识别的同一性是指人的识别在不同的方面或条件下，保持同样的状态或事实，是"我"成为自己而不是他者的条件。用逻辑学的术语来说，是断言两个词项指称同样的一个事情[94]，其功用在于让自我与他者保持同样性。

第四，识别的差异性。这种成分能够确保在自我和他者之间具有一种界限的感觉（a sense of boundaries between self and others）。也就是说，这种成分可以确保认同之间内在的差异性。

从不同的角度看，识别所展现出来的要素和成分不尽相同。然而，按照我们的理解，上面提炼出的四个关键性的成分是内在联系、相互作用和相互支撑的，它们的张力、冲突和一致构成并支撑着一个相对完整和稳定的当代认同概念。"识别的理想化的概念是被这四个关键的成分聚合在一起的。"[95]正是这四个关键成分的作用，人的识别，即自我的身份感，得以以一个完整的形态表现出来。

从功能上说，这四个成分在人的识别中起到了各自不同的、然而又是不可或缺的作用。

其一，就连续性而言：在个体识别那里，识别的连续性指的是时间和空间关系的动态的一致性。最简单地说，就是对个体来说，怎么样保证今天的"我"就是昨天的"我"。个体识别之所以具有连续性，是因为个体所具有的记忆能力是一种可以跨越时间和空间的能力，它对确保当代识别的连续性起到了关键的作用。相应地，在由个体识别构成的集体性识别（身份感）那里，识别的连续性指的是如何保证集体识别在时间和空间中的一致性。

其二，就整合性而言：在个体识别那里，识别的整合性是指个体识别对新的认知的整合和接受，其实就是如何"异"中求"同"，即怎样在多种多样、五花八门的可能的认同中选择和接纳新的有用的识别。这个过程要牵涉用核心识别去容纳和接受非核心的、边缘性的识别，用既有的识别去接纳新颖的识别，用新颖的识别去改造、改变和革新旧有的识别。只有这样，个体识别才能够保持相对的稳定性和整体性。作为放大了的个体识别，集体识别中的整合性是个体的识别的整合性的扩张，即用业已形成的集体识别去整合新的集体识别材料和个人识别材料。这个问题涉及团体与团体、民族与民族、国家与国家之间的识别关系。

其三，识别的同一性。同一性确保自己与他人之间的一致性，没有同一性，就谈不上真正的身份感。这种同一性能够确保识别的独立和个性。当代识别中的同一性主要作用在于保持识别之间的界限。其作用实际上是"同"中求"异"，这样，不至于出现彻头彻尾的"我"就是"我"、"我们"就是"我们"或者"我们"就是"他们"。人们在认可、接受和欣赏他者的身份、意义、价值、地位的同时，能够保持自己的独立性和个体性。

就个体识别而言：识别中的同一性对保证个体的独立性具有较大意义。整个现代西方哲学的主要论题就是如何保持个人的特性，从意志主义到存在主义和法兰克福学派，无不如此。对人的集体识别而言，识别中同一性的确立具有更大的复杂性。因为，就像我们已经阐述的那样，同一性的核心目的是为人的识别划定边界和界限。有了这个边界和界限，集体识别可以归属于自我本身，而有别于其他的集体认同；有了这个边界，个体的识别与集体识别之间也可以保持一种恰当的互动关系。

综上可见，识别中的同一性是实现识别的原理，城市色彩作为城市理念的显现，目的在于与城市主体同一，以使其具备真正的身份感。所谓身份感本身就是一种价值认同，以期在"我是谁?"、"我在哪里?"和"我有什么用处?"的追问中，真正明白自己的身份，意识到自己的价值，并在对象身上发现自己的身份和价值。洛克（John Locke）在近代英国经验论哲学家中第一个详细对此进行了分析。他首先分析了各种同一性，即实体的同一性、植物的同一性、动物的同一性、人的同一性，等等。在他看来，只有三类东西可以被称为实体的同一性：无始无终、永恒、不变、无处不在的"上帝"；无限的精神；无增无减的物体。所谓植物的同一性，也就是能够继续维护植物的生命组织形式和机体构成形式。所谓动物的同一性，也即维系动物生命机体正常运转的组织和形式。

4.3.2　同一性原理

人的同一性的成立在于人有一个适当的身体组织，这个身体中的各个物质分子虽在不断地变化着，可是那些分子同这个身体都联为一体，营造共同的生命组织，而且不论你从哪一刹那来观察这个身体，它以后仍是要继续着与此刹那相同的组织。这种同一性正和动物的同一性一样，因此胡塞尔说："意识是一条体验流，许多不同的体验都是作为'我的体验'被我意识到，这些体验都包含在这种属于'我'的属性中，它们构成同一。"[96]洛克进而分析了同一的实体、同一的人和同一的人格这三个不同的概念。按照洛克的理解，同一的实体就是上面所说的多种多样的同一性，也就是我们关于各种实体的观念。同一的人则是指由同一的连续的身体和同一的非物质的精神共同合成的东西。人的人格同一性是同一性当中更为重要的东西之一。所谓人格，"就是有思想、有智慧的一种东西，它有理性、能反省，并且能在异时异地认知自己，是同一的能思维的东西"[97]。在识别问题上，休谟（David Hume）对洛克的自我观——被构想为穿越时间的连续的认同的东西——进行了不可知论的改造。

因此，城市色彩形象的识别既要与意向性的文化属性（如道德性）联系在一起，又要与可能的社会网络联系在一起。人文功能，包括但又超越了实用性。在此，对象要素作为一个实现外部目标的方法被取代了，它被视为一种媒介，人作为参与者，在最大的范围，以最高的强度、纯粹的体验开展活动[98]。城市色彩作为这样一种媒介，更侧重于关注城市主体的心灵体验，纯粹注重形式的城市色彩给人的熏陶和潜移默化的作用并不能给人带来善的判断和是非好坏的判断，只能使人具有一定审美能力和美感品位的提高，真正的大美、至美应当与大善和大道相融合。所以，真正的城市色彩形象识别设计一定要与诗意的栖居状态下的良善与纯真的精神相融合。

只有通过善（文化精神）的本体力量的加强，城市形象才能够慰藉城市主体的心灵，这种慰藉也只能通过城市色彩形象的识别性才能实现。因为感知识别系统中的色彩识别设计，可使人之神达到与色彩之神的同一。此处的同一指存在者之存在，即一种艺术化生存的状态。因为，每一个存在者之为存在者都包含着同一性，即与它自己的统一性。人与存在相互转让，它们相互归属，城市主体在灵魂与城市色彩同一时，便是存在，人从城市色彩中获得认同感，便获得了心灵的归属与意识的自由。

4.4　城市色彩形象识别设计思路

城市色彩形象识别设计的思路如下：首先，剖析城市色彩与城市主体间的关系存在；其次，综合艺术设计与哲学的研究方法，研拟城市主体的集体意识，从而赋予城市色彩地域精神；最后，运用城市色彩作为中介，使其直通城市主体的心灵，实现城市主体集体意识与城市色彩所彰显的城市精神理念的同一，以期使城市主体达到诗意的生存状态。

4.4.1　城市色彩形象识别设计核心

城市色彩作为一种象征符号被理解为集体表象，它是人们交流情感或集体情感的外化形式载体。一个城市的历史文化结构中有其不变的人格精神，而其中关于良善和纯真的理念，即是塑造独特城市色彩的关键。理想的城市色彩就是人们能够在此城市中达到关于良善或纯真精神理念的认同（识别），以体悟到诗居存在之状态。

4.4.2　城市色彩形象识别设计思路

城市色彩形象识别设计的目标在于塑造使城市主体

实现艺术化生存的城市色彩形象，因此，思路主线如下：构建城市主题文化的评估体系、并提取城市理念，进而从城市精神转换到城市色彩意象，之后确立城市概念色谱，后期再进行城市色彩实施管控。

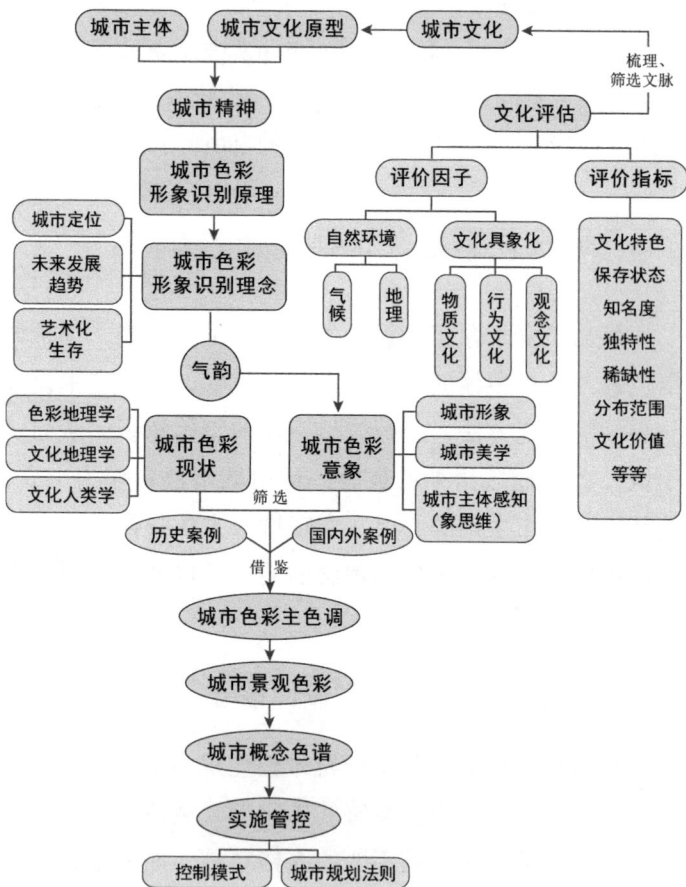

图4.3 城市色彩形象识别设计思路

第五章

诗居城市色彩形象
识别理念

诗居城市色彩形象识别理念与城市的精神理念相吻合，体现的是城市主体共同的价值取向及城市主体对于未来发展的愿景。城市色彩形象理念相对于城市主体而言，具有可识别性，能够使城市主体的自我意识与其同一，从而区别于其他城市的人。城市色彩是城市理念的感性显现，是诗居城市色彩形象识别理念的表现形式，通过外在形式向城市主体传达城市独特的人文精神，实现城市色彩与城市主体的同一，使城市主体的身份具有归属感。

5.1 城市精神理念

思想观念把一个民族聚集在一起，人们将自己归属于一种文化，以区别于其他人[99]。一座城市的精神理念代表了一个地域最为突出、最为垄断性的精神特征，它由该城市的历史文化积淀而成，同时又指引着城市未来发展的方向。城市精神理念是一座城市的灵魂，是一座城市经久不衰的根本动力。因此，城市精神理念也是该地域内城市主体的集体记忆与集体认同，代表着城市主体对于城市发展的期许与渴望。

5.1.1 理念释义

"理念"一词是从希腊文动词"看"演化而来的。"看"演化成名词，是指所看到的东西。看到的东西是事物的形状，因此从字源学上来说，理念相当于中文里的"形"或"型"的意思[100]。

但是，作为系统科学意义上的"理念"，在哲学意义上又有很多解释。古希腊伟大的哲学家柏拉图（Plato）的"理念"并非仅仅指事物的外形，更兼指事物的内在性质；它是指规定一类事物或一类性质成为该事物、该性质（包括内与外）的东西，这东西就是决定一类事物或一类性质的一般、本质、共性；它是客观存在着的。但是，一般、本质、共性并不是感觉所能把握的，只有靠理性的思维才能把握。因此，柏拉图把客观存在着的、借思维把握的一般、共性叫作"理念"，并认为它是一类事物的原本、范型，而把个别事物则看成是"理念"的阴影或摹本。

柏拉图认为，"理念"就是把某类具体事物的共同性质的类概念或一般概念客观化、绝对化，"理念"是一种离开具体事物而独立存在的精神实体，并且是比具体事物更实在的东西，意义同"观念"、"概念"，也有人翻译为"理式"。柏拉图把"理念"视为永恒不变的并为现实世界之根源的独立存在的、非物质的实体，揭示了人类价值世界的真实性存在。

但是，在康德和黑格尔的哲学中，"理念"则被解释为理性领域的概念。理念被归结为外物的创造本原，是事物的含义或本质。理念是人类意识或思维对象，即感觉与知觉。外界事物对于人来说是观念的集合，或者说感觉的组合。在休谟的哲学体系中，理念与观念则是"印象"或"想到的印象"。黑格尔的哲学中，理念实现主体与客体的无限回复和主体自身同一之中。

纵然每位哲学家对理念的定义不同，但综合其共同点，我们可得出：理念是共性的，是永恒的，是外在表象归极的原型，是人们对于某一事物或现象的理性认识、理想追求及其所形成的观念体系。

5.1.2　城市精神理念

精神是人特有的、用以把握客观现实、推论未知状态、设计理想的一种主观形式，是人们的知识、情感和意志的存在和表达。在中国古代典籍里，"精"是指精妙、精粹、精华、精微、智慧；"神"则指神灵、奇妙作用、微妙变化；"精神"二字连用，始于《庄子》，指天地万物的精气、活力、事物运动发展的精妙的内在动力，也可指精妙的神性。近代以来，人们又从英文和德文中译出"精神"一词。英文spirit含义为心灵、灵魂；风气、潮流；勇气、气魄；神、鬼；精华。德文geist含义是呼吸、生命；神、灵魂；思想、才智；精华等。现在，人们一般是从广义、狭义两方面来把握"精神"的。从广义上看：精神与物质相对，指人的意识、情感、意志、思维及人们意识心理活动所创造的观念、理论、学说等一切非物质现象；从狭义上看：则是指人的意识活动中内在的、深沉的东西，即一切文化现象中起主导作用、处于支配地位的东西，是人类意识文化现象的内核、灵魂，如城市精神就是城市心理、城市文化传统的内核、灵魂，是城市文化心理的深层结构，城市精神是城市之魂。

黑格尔认为"人的本质是精神"，人的精神存在就是文化存在，人的精神本质可以说是人的意识的创造性发展的产物，是知识的一以贯之的、"稳定的艺术品"。人不但是真正的人，而且还要成为真正的主体，在法律、道德的环节上，存在与超越，达到与绝对精神的合二为一。

人作为"人"生活，是以他们对"人应该如此"的理解为依托的。这种依托通过人们的创造物表现出来，通过人们的性格、气质、面貌、行为方式表现出来，使得人有了特别的"精神风貌"。所以精神文化又常常指一个人或一个群体的精神风貌。精神文化则指人们为优化自己、提升自己所遵循的理想、目标、原则、旨趣等。这里所说的精神并不完全等同于通常所说的与"物质"

相对的"精神"、"意识",而是人在生存、发展中所具有的深层意蕴、气质、价值取向。

因此,我们不难得出:城市精神理念是指某一地域内城市主体共同具有的价值取向、特有的意识与思维。文丘里(Robert Venturi)指出,"具有复杂性和矛盾性的建筑对城市整体具有一种特殊的责任——其原理必定在或隐含在整体之中,它必须具体表达内在整合的复杂性,而不是外在的肤浅的罗列"[101]。不仅是建筑,城市的景观、街道、色彩等都不应是肤浅的表象罗列,而应该具有内在精神理念的整合。一个地区并不仅仅是等同于一些事实的集合体,它还有另外的东西,就是我们称为"地方风气"或"地方特色"的事物,即一个地方特殊的精神。这个词所表达的是人们体验到一个地方的超出物质和感官的东西,并且我们应能够感受到城市主体对城市精神的依恋。地方的意义超出了那些可见的东西,超出那些明显的东西,深入心灵和情感的领域。艺术正是人们表达这种情感意义的方式,城市色彩便可以深入心灵,传达地方的情感意义。

人对自身所相信和认同的理念的感觉同对虚构的理念的感觉是不一样的,前者更强烈、更活泼、更有力量。虚构和理念的区别只在于某种情感或感觉,这种情感或感觉是附着于理念的,而非附着于虚构的。具有理念时的这种构想与想象中缥缈的幻想是不同的,它伴有一种感觉或情感。理念就在于构想观念的方式,在于这些观念给心灵的感觉。理念是城市主体心灵所感觉到的某种东西。

5.2 城市文化原型

精神是人特有的、用以把握客观现实、推论未知状态、设计理想的主观形式，是人们的知识、情感和意志的存在和表达。精神文化是指人们的思想观念中关于"人"、"文明"、"文化"的内容与特质，以及以观念（精神、意识）形态存在着的文化。当城市的思想观念集中体现了城市主体作为"人"的品质、能力和其他内涵时，我们说它是精神文化。城市文化原型的特征便于我们从城市精神的提炼及城市文化的梳理中找到城市理念。

5.2.1　文化释义

从文化的词源及其语义上看文化，德语kulter与英语culture，都是从拉丁语cultura转化来的。cultura意为土地耕种、神明祭祀、动植物培养以及精神修养等，显然这里是指人类对文化创造的作用[79]。德语中的kulte，可以有极深邃的精神意义，而civilization（英美文化一词）则不可不与社会的政治的意义有密切的关系[102]。

文化分成为广义的文化与狭义的文化。广义的文化包括人类物质生产和精神生产的能力、物质的和精神的全部产品；狭义的文化则指精神生产能力和精神产品，包括一切意识形式，有时专指教育、科学、文学、艺术、体育等方面的知识和设施，有时指人类世界观、政治思想、道德等与意识形态相区别的要素。文化的实质性含义是"人类化"，这一文化定义是有相当的深度的。文化的实质在于人类化，揭示了人创造文化，同样文化也创造着人自身的道理。

5.2.2　城市文化原型结构

人的文化可能性问题首先是与人的存在相关联的。哲学人类学家把"人是文化的存在"与"人是社会的存在"、"人是历史的存在"、"人是传统的存在"等一系列命题相并列。无论人是文化的存在，还是人作为文化创造的主体而存在，都说明人不是自然造就的，作为人或作为主体，都是文化对人的创造，或更进一步说，是人通过文化创造而对人自身进行了创造。这两个命题的不同之处，就在于后者走出了抽象性的规定，在更深入的层次上发现了人的存在发展之根源。这一发现的意义还在于：对我们的理论来说，认识主体和实践的主体都不是先天给定的。第一，人的文化可能性是指人的自我创造性、自我设计；第二，是指人的自由解放性、自我实现的超越性；第三，是指具有自我文化生成过程的独立存在。从时间性结构来讲，人是面向未来的"感性地"生成着的。

对于城市精神理念的找寻，需要探究其来源。一位地理学家曾说过："任何社会价值和社会行为，无论它们如何抽象，一般都能在物质形式中得到反映"[103]。古希腊哲学家柏拉图指出任何事物都有其被创始的原始模型，都有事物的理念本原。"原型是一种历史记忆，一种种族记忆，一种心理经验的重复。"[104]原型是社会心理的，是历史文化的，是构成共同理念、共同文化认同的根本。它具有集体无意识性，对人的思维有先天约束指导作用，是人感知外物形象的工具，并且原型是外化的表现形式最初始的结构。瑞士著名心理学家荣格（Carl.Gustav.Jung）的原型理论指出，"原型概念是指人类世世代代普遍性心理经验的长期积累，沉淀在每一个人的无意识深处"[105]。文化认识就是探求形式和追寻原型的过程，人类对事物的认识可以透过形式符号、外在现象达到对事物的原型把握。城市的文化符号及形式蕴涵着城市形象的内在结构、理念、价值定义，作为后者的载体，他们将后者外化显扬。文化的集体表象是人类存在的象征符号，是人们一代代创造和再创造社会的遗传符号。这些集体表象和象征符号系统是历史的积淀，并随社会类型的文化环境的变化而变化；它又是凝集着人文约定性的社会事实，对个人内在思维方式和外在行为方式具有规范性和教化作用，从而形成个人的集体无意识和文化本能，以至于每个相同地域文化的人具有共同的文化认同、首先理念，以及对事物符号——形式的感知和表象本能。

在一定层次上，文化认识就是探求形式和追寻原型的过程。弗莱（Northrop Frye）对原型概念的阐释具有一定代表性，他称原型为可交际的单位，它可以把一个作品与另一个作品连接起来，并因此有助于整合统一我们的文学经验的象征；因而原型就是联想群，在既定的语境中，它有大量特殊的已知联想物，人们熟悉它又可操作它；原型体现着传统的力量，将各个孤立作品连接起来，使文学成为社会交际的特殊形态。在弗莱那里，原型是社会心理的，是历史文化的，它成为文学与生活之间的媒介。弗莱将原型概念和原型批评观念广泛用于文学史研究，创立了文学人类学。在具体做法上，原型的归纳和概括成为原型批评的重要内容，它要求批评家具有广博的世界文学知识和异中求同的理性透视能力。

文化创造出表征其基本精神的具体事物、理论和意识形式，这种形式的文化的创造力量在释放中得到显示，并且也逐渐走向衰退，最后，在它的身后崛起一种新的文化形式，文化创造又开始了新的生命周期。最能显示人类创造力的时机便是在新旧交替中主体对文化形式的选择和再创造。对符号这一形式的认识，是人类对事物外部联系和外在表现形式的认识，进而可达到对内部联系的把握及对事物本质的认识。这种认识首先是人的感官摄入的过程，不管简单的图像、图式还是复杂的创造物，它自身的信息凝集为一个整体形象，射入人的视觉、听觉等，从而形成人的感知和意志。

符号和形式的识辨、知觉和使用，有着历史规定、文化教化以及集体无意识等特性。这些文化的象征符号系统，特别是人类创造与用于组织其活动的规范、价值和信仰能被人们所认同，是由于它们构成了集体表象，它们的显著特征是超个人性的，先于个人而独立，并对个人发生强制性的作用。同时，这些文化集体表象是人类存在的象征符号，也是人们一代代创造和再创造社会的遗传符号。这些集体表象和象征符号系统是历史的积淀，并随社会类型和文化环境的变化而变化；它们又是凝聚着人文约定性的社会事实，对个人内在思维方式和外在行为方式具有规范性和教化作用，从而形成个人的集体无意识和文化本能，以至于每个地域文化的人具有共同的文化认同、首先理念，以及对事物符号——形式的感知和表象本能，如图腾和宗教情绪。在这里，象征符号被理解为集体表象，它们是人们交互情感或集体情感的外化形式或载体。这种象征与象征物之间借符号而连接起来，其关系之稳固是不言而喻的。

荣格把集体无意识看作是由遗传的神经模式构成的，这使个体先定地趋向于原始的思维方式，如"我向思维"以及相信某种看法，它是一种种族本能，决定着个人感觉、思维、直觉和情感的选择和反应方式。也就是说，通过追溯集体无意识，我们可以再现我们思想和行为的原型，即集体表象、集体良心、原始表象等。荣格写道："生活中有多少典型的情境，就有多少种原型。无数次的重复已经将这种种经验刻入我们心灵的结构之中，不过，其刻入的形式并不是满载内容的意象形式，而是一种起初没有内容的形式；这种形式仅仅相当于知觉和行为的某种类型的可能性。"[106]与集体无意识的概念不可分割的原型概念，是指心理中明确形式的存在，它们总是到处寻求表现，在心理学、神话学、文艺学等领域皆有它们的足迹。有了这样的认识、理解和沟通的能力和条件，人类对事物的认识就可以透过形式符号、外在现象而达到对事物的原型在握，对"本质的直观"之功效了。

一个城市的精神理念来源于该地域的文化基因，即地域文化中有其不变的精神理念。因此，对于城市精神理念的探讨应首先剖析该地域文化，寻找最具认同性、代表性、垄断性的主题文化。

5.3　城市形象主题文化评价

城市形象主题文化是将各个层面的城市文化进行筛选、梳理后而具备的城市特色占有、特色垄断和特色整合的文化。城市形象主题文化能够使地域形成鲜明特征，使城市主体将自己归属于一种文化，形成地方特有的精神理念，以区别于其他人。对于城市形象主题文化评价的重要性，正如帕特里克·格迪斯（Patriek Geddes）所说，"我们不应该像许多人所做的那样，过于简单地从交通这样的基本问题入手，然后再附加上带有某种倾向的美学品质或其他一些东西，相反，我们应该首先寻求进入我们的城市精神、它的历史本质和它不断延续的生命体当中。只有这样，我们才能以某种方式分辨和探查出城市的集体灵魂"。[107]

人与文化的存在和发展，无不与符号乃至形式的创造和使用紧密相连。没有符号，就没有文化，就没有人的社会交流和沟通，也就没有人类的诞生和人类社会的存在。符号的创造在于社会交往和思想观念的交流，正是在符号的操作和使用中，作为中介或工具的符号才得以创造出来，也得以充分发挥其作用。更进一步说"全部文化（文明）依赖于符号，正是由于符号能力的产生和运用才使得文化得以产生和存在，正是由于符号的使用才使得文化有可能永存不朽"。城市色彩是城市文化的符号，对城市形象主题文化的评价，进而进行定位并确立城市色彩的精神，可以使城市色彩形象的识别设计延续城市文化，使城市文化永存不朽，并且彰显城市理念及符合城市主体存在的意识。

城市形象主题文化评价是对城市文化构成要素和目的性的一种评估。通过评价，可以找到城市形象的主题文化，重新对城市形象进行科学的定位。通过形象评价，可以把握同一个城市的形象的历史变迁，进而把握住各个构成要素在城市形象中的地位和作用，为城市形象建设提供切入点和着力点。

城市形象主题文化评价实际上是通过评价对城市的历史、现状及其发展进行理性的思考。通过公众感知这面镜子，认识城市自我，而且是从形象的角度去认识自我。它同城市综合实力的评价、城市生活质量的评价、城市精神文明建设成果的评价等相比，涉及领域更广，接触范围更大，对城市的认识就有可能更为全面与深刻。

城市形象的主题文化评价一般从政治、经济、社会、文化、技术、自然、环境等多个方面入手，综合考虑它们对城市形象建设的影响和冲击。在评价时，不仅要重视直接的作用和影响，而且要重视间接的、隐含的相互作用；不仅要重视近期效益，而且要注重长期效益；不仅要重视定量指标的评价，也要重视软指标的评价。需要指出的是，评价对象的确定，不是唯一的。各个城市可根据本地情况和需要，制定具体评价指标，但应该遵循一个原则，就是必须有利于客观、准确地评价城市的整体形象。

城市形象主题文化评价的作用在于对实现同一个目标的不同方案进行选择，挑选出能达到目标的最优方案。在城市形象定位阶段，借助于主题文化评价来选择出最佳的主题文化进行形象定位。

5.3.1 城市形象主题文化评价的原则

城市形象主题文化评价的目的是决策，评价的质量直接影响决策。因此，首先要保证城市形象评价过程中的客观性，注意评价资料的全面性、可靠性和准确性。对于一些需要依赖人们的主观判断（尤其是专家的主观判断）的环节，应该辅之以一定的统计方法，减少主观评价的误差，消除主观上的随意性。

在强调城市主题文化形象评价客观性的同时，要重视评价的系统性。由于城市形象是城市系统各个构成要素的综合的外在反映，因此在评价城市形象时，应该全面地把握城市的情况，设计的指标体系应该覆盖影响城市形象的各个方面。对某项指标的遗漏，可能会影响到城市形象评价结果的公正性。然而，在具体操作过程中，有些指标不易获得或不容易测度。若仅贯彻系统性原则，反而会使得评价不可行。因此，在构建指标体系时，对于若干与评价关系不大的指标，可以适当舍弃；对于另一些与评价关系密切但目前尚且无法获得数据的指标，可以作为建议性指标提出，以保证评价指标体系的系统性和可行性。可行性原则和系统性原则相互补充，这是构建城市形象主题文化评价指标体系的基础。

对于指标的取舍必须给出一定的依据，也就是说，要强调科学性。在确定各个指标权重时，要通过一定的数理统计方法，保证评价过程中误差的最小化。单纯凭借经验得出的结论并不一定可靠。科学性原则要求，在城市形象主题文化评价的各个环节的误差都是可以计量的，而且必须限制在一定的范围之内。否则，整体评价的误差可能会非常大，结论也不可信。

城市形象主题文化深层次的理性评价方法有定性评价和定量评价两种。常用的方法是定性评价，而定量评价是定性评价的补充与辅助。

为了较准确地确定城市形象的主题文化，我们需要在充分掌握信息（包括社会调查、观察、阅读有关文献资料等）的基础上进行研究与分析。在很好地完成了这些步骤和在参与人员都有相当充分准备的情况下，采取参与者集体分析、反复讨论的方式，作出定性评价的结论。只有这样，才能保证评价结果具有较好的准确性、客观性、科学性和实用性。

在进行城市形象主题文化定性评价时，采用的评价指标体系很重要。所有参与者在熟悉评价体系之后，充分利用自身的经验、学识去观察、分析、判断，而且是独立地进行观察、分析和判断。城市形象评价的目的是为了寻找城市的主题文化，找到城市发展中最具本质特征的东西。

5.3.2　城市主题文化评估指标体系的构建

文化的复杂性和多样性注定城市主题文化是一个复杂的系统。文化变迁可以分成很多层次，首先是物质层次，最后是思想观念层次。文化分为外显模式和内隐模式，内隐文化原型是"模式的模式"、"主导模式"，是文化的核心部分，它是相对稳定的，至少在很长一段历史时期内是趋向不变的，它们体现了某种集体的合力和长时段的趋势[93]。任何一个系统都由众多的要素构成，根据文化的外显模式和内隐模式，我们从物质层面、行为层面和观念层面三个方面来分析城市主题文化的构成要素来源。

物质层面包括可感知的、有形的各类基础设施，如城市人工及自然环境、城市产业链、城市建筑、城市公共设施、城市道路、城市布局等。如城市品牌产业系统、城市主题文化公共艺术系统的硬件部分、城市空间规划与建设系统、城市旅游系统等，这些系统都是城市的经济、建筑、景观等可感知的物质部分，对它们进行梳理构建，可打造城市主题文化整体感观风貌，提高城市核心竞争力。

行为层面包括城市的各种规范制度及机构设施，它将城市主题文化实体化。行为层面通过城市主题文化处理个体与他人、个体与群体之间关系。城市主题文化系统包括城市群体文化活动、城市文化教育系统、城市文化战略中心系统、城市文化政府工作职能系统等。通过制度的规范和专职机构的设立来保证城市主题文化的顺利实施。

观念层面包括城市主体的文化观念、城市精神和社会意识等形式，它是城市文化在市民观念形态上的反映。观念层面既可以通过一定的物质来传承，也可以以思想观念、文化心理等形式存在于市民的大脑中，表现市民的价值观念、精神境界、思维方式、理想信仰、风俗习惯、伦理道德等，如城市文化系统、城市公共艺术系统软件部分、城市文化活动系统、城市文化形象品牌系统等。

根据以上三种文化的分类，这里对城市文化进行了进一步的具象化，如表5.1所示。

城市文化的具象化 表5.1

分类	内容	元素
物质文化	空间布局结构	街道、广场、道路、绿化环境、公共设施
	人文景观文化	建筑、人造景观、文化雕塑、工具器物、历史遗迹
	自然景观文化	地理风貌、气候
行为文化	法律法规	组织领导方式、地方规范
	管理制度	家庭制度、经济制度、政治制度、公共服务
	文化活动	生活方式、风俗习惯、特色服饰、休闲场所、娱乐方式、特色语汇、公共服务
观念文化	城市精神	历史事件、知名人物、知识信仰、城市民风
	价值观念	文学、艺术、民俗文化、哲学、宗教、社会科学
	最高目标	道德规范、市民素质

（来源：本研究整理）

基于城市文化的构成类别，结合层次分析法AHP（The Analytic Hierarchy Process）①，进行城市主题文化评估指标体系的构建。城市主题文化评估指标体系如表5.2。

①AHP法是20世纪70年代中期由美国运筹学家托马斯·塞蒂（T.L.Saaty）所提出的一种使用决策方法，是一种定性与定量相结合的多因素决策分析方法。

城市主题文化评估指标体系 表5.2

目标层	项目层	因素层	指标层
城市文化评估A（1.000）	物质文化B1（0.362）	街道C1（0.022） 广场C2（0.042） 道路C3（0.012） 绿化环境C4（0.032） 公共设施C5（0.012） 建筑C6（0.042） 人造景观C7（0.036） 文化雕塑C8（0.034） 工具器物C9（0.042） 历史遗迹C10（0.043） 地理风貌C11（0.033） 气候（0.012）	文化特色、保存状态、知名度、独特性、稀缺性、分布范围、文化价值、时间价值、消费价值、文化遗产保护等级、资源规模、资源归属地、资源社会效用、经济效用、公众道德、资源消费人群、生活服务、商务服务、市场规模、物流便利、综合竞争力、资源成熟度、整体环境

目标层	项目层	因素层	指标层
城市文化评估 A (1.000)	行为文化B2 (0.257)	组织领导方式C12 (0.012) 地方规范C13 (0.029) 家庭制度C14 (0.022) 经济制度C15 (0.014) 政治制度C16 (0.026) 公共服务C17 (0.008) 生活方式C18 (0.026) 风俗习惯C19 (0.048) 特色服饰C20 (0.036) 休闲场所C21 (0.008) 娱乐方式C22 (0.010) 特色语汇C23 (0.018)	文化特色、保存状态、知名度、独特性、稀缺性、分布范围、文化价值、时间价值、消费价值、文化遗产保护等级、资源规模、资源归属地、资源社会效用、经济效用、公众道德、资源消费人群、生活服务、商务服务、市场规模、物流便利、综合竞争力、资源成熟度、整体环境
	观念文化B3 (0.381)	文学C24 (0.054) 艺术C25 (0.062) 民俗文化C26 (0.078) 哲学C27 (0.044) 宗教C28 (0.052) 社会科学C29 (0.022) 道德规范C30 (0.036) 市民素质C31 (0.035)	

(来源：本研究整理)

通过上述指标的选取，可以构建城市形象主题文化评价的指标体系。指标体系中最上层是目标层，即创造一个良好的城市形象；指标层，既是城市形象主题文化评价的基础，也是城市形象设计的着力点。通过指标层反映的城市形象各个方面，为城市形象定位和城市形象设计提供具体的切入点，只要在这方面作出努力，就能够达到塑造美好城市形象的目的。

指标体系的评价往往带有随机性和模糊性，因此第一步也是最重要的一步就是针对城市形象构建一个科学的评价指标体系，以便对多层次、多因素、复杂的评价问题采用较科学的方法进行量化处理，然后确定各个指标相应的权重，进行加总后得到城市形象的评价结果。

城市形象主题文化评价指标体系的构建是一个复杂的过程。准确的判断和比较是跟指标范围成正比的，指标范围越宽，评价就越全面，但是，相应地如何进行指标的分类和确定各指标的重要程度就越困难，处理和建模过程也越复杂，因而歪曲方案本质特征的可能性也越大。本研究采用专家系统进行指标体系的构建。

所谓的专家系统，是系统论的一个基本概念，也就是要通过对多名专家的意见征询，经过科学合理的总结评审，作出最后的评价。我们常用的方法是德尔菲法。德尔菲评估法本质上是一种反馈匿名函询法，是依靠专家的知识、智慧、经验、推理、偏好和价值观，来对一些复杂的并且无法定量化的系统进行评价。具体的步骤是首先邀请城市设计、城市建筑、美学、经济、文化等方面的专家，针对指标内容及各个指标的相对重要性进行主观评价和打分。然后，把专家评价的不同结果汇集后进行统计分析，中间会出现意见不统一的情况，再把统计分析结果反馈给各个专家，让他们再一次进行评价并修正，直到意见相对一致为止。其做法为：信息整合、初步归纳、总体统计，再次以匿名形式反馈给各位参与专家，第二次征求意见，再次集中，再次反馈，直至得到稳定的结论。其过程可简单解释如下：以匿名形式征求参与专家意见——归纳/统计——匿名反馈——归纳/统计——（若干轮后）——停止。

区别于其他专家评价方法，德尔菲评估法有几个显著特点。一是匿名性。匿名是德尔菲法最为重要的特点，从事评审的专家互不了解，他们是在完全匿名的情况下交流思想的，因而不会存在权威或个人影响左右整体结论的可能[108]。二是反复循环并进行有控制性的反馈。经过若干轮反馈完成评估。三是小组的统计回答。这样每种观点都包括在统计中，避免了专家会议法的缺点。

对于定性指标的评判，其指标值具有非定量化和模糊性的特征，因此难以运用精确的数字来表示，只能采用模糊数学的方法对非定量化的信息进行量化处理。这里简要介绍实验统计法与专家打分法。

实验统计法。邀请一组专家进行试验，每次试验每位专家都要在表格中打勾，对于表格中的每一个因素仅限于打一个勾（即每行打一个勾），然后统计出表格中每个格子打勾的频率，得到该组专家对于列表中每个单独因素的评判结果。

实验统计表   表5.3

	很好	较好	一般	较差	很差
因素1		✓			
因素2				✓	
……					
因素m	✓				

（来源：本研究整理）

专家评分法。请n个专家对取定的一组指标U_1、U_2、$\cdots$、U_m分别给出隶属度$A(U_i)$（$i=1, 2, \cdots, m$）的估计值r_{ij}（$i=1, 2, \cdots, m$; $j=1, 2, \cdots, n$），则因素U_i的隶属度r_i可据下式估计：

$$r_{ij} = \frac{1}{n}\sum_{j=1} r_{ij} \ (i=1, 2, \cdots, m) \qquad (5.1)$$

式（5.1）中，r_{ij}代表第j位专家对第i个因素的评价值。

5.4 诗居城市精神理念

诗居城市的精神理念具有地域性、垄断性的特点，体现了城市历史文化的精髓，代表了城市主体关乎良善与纯真的意识。对于城市未来的发展，城市的精神理念有着良好的指引与促进作用。因此，诗居城市的精神理念是城市色彩形象识别设计创作的源泉。

5.4.1　城市精神理念评价原则

通过对城市主题文化的评价，可以寻找到城市最具代表性、垄断性的文化特征。因为在城市主体的历史文化结构中有其不变的人格精神，其中关于良善与纯真的理念，便是诗居城市的精神理念，也是塑造独特城市色彩的关键。但是，从城市主题文化中提取整合精神理念应综合考虑五个要素，包括城市的意愿、个性、资源、形象的持续性以及创新性。

5.4.2　诗居城市精神理念的提取

现象学研究方法认为，只有一种与地方的关系是真实的、可靠的，其他的关系要么是"不完善的"，要么是"不可靠的"。一个地方有其本质，人道的基本特征之一便是人与地区的意义关系。做人就是生活在一个拥有许多有意义的地方的世界，就是拥有和了解你生活的地方。诗居城市的精神理念正是呼唤城市主体的灵魂，强调历史记忆，使其对生活的地方了解并认同，以产生场所意义。精神理念中的良善指代帮助他人实现圆满，纯真指代城市主体心灵的

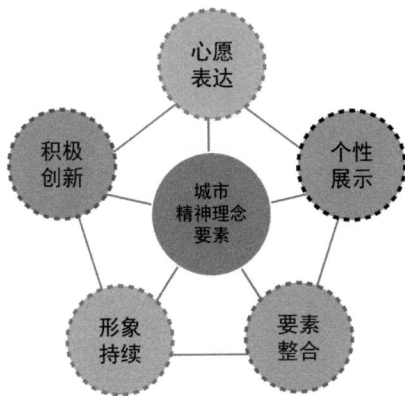

图5.1　城市精神理念提取要素
（来源：本研究整理）

自由，良善与纯真框架之下的精神理念有助于城市主体实现自我存在的意义与价值，塑造良好的社会道德风尚及城市环境。

我们对世界的认知总是打上地方的烙印，这种认识总是以成为我们关心的中心的地方为认识世界的起点和基础。地域文化的主体可以理解为具有共同的信念和经验、具有与这些经验相联系的共同的价值观以及对某一共同的历史感兴趣的、能让人辨认出的群体。可见，从地域文化中提取的精神理念具备城市共同体唯一的认同感和识别性，这种理念与人的关系是牢固且稳定的，由此衍伸的城市色彩风貌设计及改造才可能被该地域的人所接受和认知。

第六章

诗居城市色彩形象
识别意象

鲜明的城市色彩意象反映了生活于其间的人们对自己城市文化、城市形态的主观感知。城市色彩意象可以说是落在人们心里的关于城市整体色彩的图景。意象是观察者和被观察事物之间双向作用的结果，城市色彩意象营造的目的是使城市主体达成共识的群体意象。叶朗先生指出，"艺术的本体就是意象，意象的基本规定性就是情景交融"[109]。因此，诗居城市色彩意象本质上体现的是城市主体与城市色彩的关系，是城市主体对于一座城市的外在形态乃至内在精神气质的整体心理感知。

6.1　视觉意象思维

思维之所以是思维，就在于它是通过一般普遍性的概念进行的；意象之所以是意象，就在于它是个别的和具体的。任何思维，尤其是创造性思维，都是通过意象进行的，只不过这种意象不是普通人所说的那种意象，这是通过知觉的选择作用生成的意象。意象是对感觉或知觉的一种模糊不清的再现，是思维活动的一部分，包括记忆意象和想象意象。

6.1.1　意象解析

由于哲学家、心理学家、美学家、文艺理论家和批评家都在各自领域研究或使用意象这一概念，因此对意象的释义要复杂得多。意象本是中国古代文论中的一个概念，由于中国古代文论所使用的概念大多具有宽泛性和灵活性的特点，意象的含义没有得到明确的界定。意象的具体含义至少有三个方面。第一，意象是意中之象，可理解为人心营构之象，即是主体的审美意识与审美客体的有机统一。如"胸有成竹"，客观的竹在画家心中意化为审美的竹，形成了意象。第二，意象指艺术形象，在中国古代时期，普遍被用来评论诗歌、绘画和书法创作，即将作品是否具有意象、意象是否生动作为评价作品好坏的标准。第三，意象指自然景物的形象。意象也是西方美学的一个重要概念，美国意象派运动发起人庞德（Ezra Pound）就曾对审美意象作过较详细的分析。庞德认为"意象是这样一种东西，它表现的是一刹那间理智和情感的复合体。意象在任何情况下都不只是一个思想，它是一团，或一堆相交融的思想，具有活力"[110]。

20世纪30年代，Image一词翻译到我国，当时译名不统一，有形象、影像、意象等不同译法，至今这些不同的译法也都还存在[111]。但是关于Image的英文释义非常明确，a mental picture of something not actually present，即一种心理图画，是大脑对于不在眼前事物的形象的反映[112]。感知由对事物存在的直接体验到间接反映，其间融入个体的知识和生活体验，也即感知是经大脑加工的主观事物。而意象的产生不仅可以忽略客观事物的存在，甚至加入了个体的心理及性格因素，是超脱现实的主观设想。显然关于城市的感知与意象，既源于城市，是城市形象在个体大脑中加工成像的汇聚，又超越城市，由城市或城市印象在个体心中升华。

6.1.2　视觉思维与意象

格式塔心理学认为，任何"形"，都是知觉进行了积极组织或建构的结果或功能，而不是客体本身就有的。如人的视觉对于色彩意象，先有各部分感觉，然后把这些感觉加在一起，合成一个印象。

当思维者集中注意事物之最关键部位，把其无关紧要的部位舍弃时，就会见到一种表面上不清晰、不具体甚至模模糊糊的意象。这种形象的若隐若现和模模糊糊，并不意味着我们对这些事物没有充分把握。按照阿恩海姆的说法，它有点像是从印象派绘画中或是现代抽象派绘画中看到的形象，是一种"视觉闪现"或"视觉暗示"，它着力于事物的大体色彩和力的作用，而不是事物的确定的轮廓和确定的细节[113]。这种特殊的形象对抽象思维是很有用的，因为只有把一个具体的视觉对象简化为一个具有基本动力特征的结构，才有可能与思维活动本身达到同构。在抽象思维中，心理意象可根据"需要"达到不同的抽象程度。这是一种既具体又抽象、既清晰又模糊、既完整又不完整的形象，说到底，这是一种代表事物之本质或代表着某种内在情感表现的"力"的图示。

意象具有三种功能，即意象作为绘画、意象作为符号和意象作为纯粹的记号。某一个特定的意象，可同时具有以上三种功能，而且每一次都可以不只发挥一种功能。其中作为画面功能的意象，总是捕捉被描绘事物或事件的突出性质加以再现。城市色彩意象正如城市色彩画，将城市精神的突出性质加以呈现。

能把视觉思维与心灵感受统一起来的桥梁和媒介就是意象。心灵没有意象就永远不能思考，真正适宜于思维活动的"心理意象"绝不是对可见物的忠实、完整和逼真的复制。心理意象是有选择性的，思维者可以集中于意象中最紧要的部位，把无关紧要的部位舍弃。这种知觉形象并不是对物理对象的机械复制，而是对其总体结构特征的主动把握。视觉思维是一种知觉活动，也称视知觉，人通过视觉思维，经过积极的探索、选择、对本质的把握、简化、抽象、分析、综合、补足、纠正、比较、问题解决，还有结合、分离、在某种背景下作出识别等这种认知外物的处理方式，从而得到意象，触及心灵。

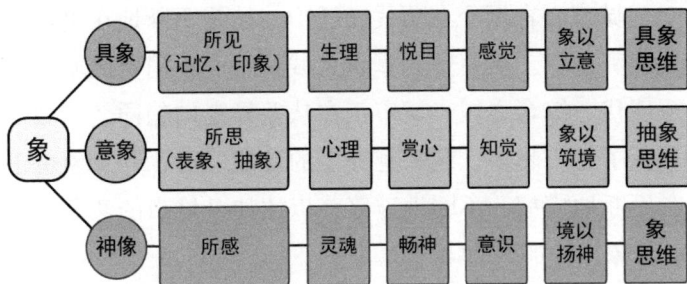

图6.1 "象"与人的关系
（来源：本研究整理）

通过剖析以上思维过程，可以得出：城市色彩意象是通向城市主体心灵的大门，营造良好的城市色彩意象可为城市色彩识别设计的具体操作打下基础。

6.2 城市色彩意象的构造

如同艺术创造的根本就在于建构意象、经营意象，城市色彩的识别设计与城市文化的构建，也无疑需要从城市色彩意象的感知开始。

6.2.1 城市意象

城市意象基于城市与人的关系。由于城市环境对居民的影响而使居民产生的对周围环境的直接或间接的经验认识空间，是人的大脑通过想象可以回忆出来的城市印象，也是居民头脑中的"主观环境"空间。

城市的立象与尽意源于《周易》的"立象与尽意"，是人观之事物的最高境界，正如《易传·系辞上》所说："圣人立象以尽意"，即如果人在面对事物时，不停留在观物象、察世事的基础上，而是通过"立象"，将事物的前因后果、来龙去脉及离合交错等全貌分析透彻，达到尽事物之寓意的话，那么人也就是圣人了。城市的意象同样也需经过"立象"才能如圣人般"尽意"。

城市自古至今在历代变迁中，始终不断地在更迭其功能和意象。从商贸、军事之城到工业、消费之城，直至现代、综合之城，城市正在从差异走向趋同，当城市具备了越来越多、越来越齐全的功能之时，其意象也正在不断地模糊，不断地破碎，以致如今城市的意象远没有想象中的那么韵味深长。

城市人既是城市的"象"的重要组成部分，也是立城市之"象"的主体。作为城市"象"的组成部分，人并不是以景的层面与建筑之"象"进行互动，由人所营造的城市之"象"，是城市中的关系之"象"，情感之"象"，人文之"象"，精神之"象"。如果说城市色彩之"象"表达的是城市浅显易读的信息，那么城市的人之"象"深藏了历史积淀和文化汇聚的所有内涵和理念，虽然人之"象"不易确认，但它构成了城市之魂；人作为城市立"象"的主体，对同样的城市色彩之"象"有不同的个体表达。不可否认的是，许多城市的"象"是通过人们的集体记忆或乡土认同感来表达的，如人们非常容易想起回家的路和故乡的云。城市之"象"也有单体与综合之分。单体之"象"往往是城市独特的自然景观或著名建筑。城市色彩以综合之"象"来立意，建筑的、人文的、经济的、旅游的，来自全方位的特色信息构成了"象"之元素，除了横向的结构元素之外，纵向的时间元素，包括这个城市的历史与现在、清晨与夜晚都有可能形成"象"之元素。

城市色彩的"立象"就是人们将城市的视觉形态转化成认知形态、心智形态和意识形态，城市主体一旦形成记忆，并获得共鸣，其他的空间视觉感将无法左右。城市的人文积淀是整个人类共同的财富，也足以让每一个人向往。同样是一些视觉的总和，但城市的色彩之

"象"是需要体会的，城市的色彩之"象"是由该地域的精神理念来代表这一群体表达对城市的"意"。

城市的"象"系统之所以能立，与城市的"象"之特征，或"象"之"尽意"分不开。城市色彩的"象"依附于城市而存在，传达城市的信息，即便没有人将它叙述、解读，它也随时存于城市主体心中，形成多元的、非同构的画卷。"从本质上来说，城市自身是复杂社会的强有力的象征，如果布置得当，它一定会更富表现力。"[114]

城市色彩意象构成城市中物与人共同存在、互相依赖的关系。一方面，作为意象的物的存在培育了观察物和缔造物的人。关于城市中的物影响人的问题，似乎并不一定成立且很容易推翻，因为同样的物景被城市异质的群体观察和体味，但是城市人在构成意象图景时已演变为一类群体，这类群体区别于其他城市的人，浸润了这个城市所有的意蕴。另一方面，作为意象的人用不同的心灵感知同样的作为意象的物，使得意象的物精彩纷呈。

6.2.2　城市意象的研究方法

最初的城市意象研究主要应用认知地图和现场调查、认知表述调查等多样化的方法，随后普遍引用符号学、美学感知理论，将城市意象视为可解读的文字、图形一样的"文本"或"超文本"，不同的人群创作出不同的文本和符号；而对同样的文本，不同的人会读出不同的内容，建立不同的形象感知，引发出不同的行为导向或决策。通过多源意象重叠分析，找寻城市的认同意象和差异意象，建立通道、边缘、街区（区域）、节点和地标等意象空间组成要素的特征。由于引入了有个体意识的、生动的人的因素，城市意象主题就受到人本主义地理学的积极关注，强调城市中的"活生生的、有思想的、非模式化的"具体个人的存在。

城市意象的研究方法发展至今，可归结为两种主题方法，即图形法和问卷法。图形法即为通过对图形的判断和认知，结合图形背后相关的情景故事，或与自身的互动关联，评估并勾画心中的城市意象。图形法又分为图片或照片辨识，以及绘认知地图两种方法。前者是由研究者从城市地图中有目的、有代表性地选取几十幅图片或照片，交给满足一定居住年限的市民辨认，而其中被辨识较多、较准确的图片或照片所反映的物景将成为该城市意象的代表。图形法的重点在于图片的定位和选取，因为在某种程度上研究者的图形选择很可能是城市意象的先导，市民在这一方法中无法表达自我，只能在有限的图形中发现城市意象。通过绘认知地图的方法来表达市民心中的城市，其实有一定难度，毕竟城市主体未经过专业绘图训练。但是图形法的最大特点是城市主体有话语权，城市主体可以在第一时间表达对城市的主题印象。当然绘认知图的结果有可能是一人一图，每位被访者会首先绘制自己熟知的图，有可能就是居住地或附近，也有可能是经常到的地方，显然绘图的差异是存在的。为了避免绘图的分散度太高，研究者可能会要求被访者指定绘出某些区域，或者绘出城市中最有特色的地方及这些地方的明显特征等。

问卷法主要建立在被访者对城市的文字认知基础上。研究者可挑选城市中性别、年龄、职业和收入等尽量均匀分布的样本作为被访者，让他们根据问卷回答包括"城市中最美的地方"、"印象最深的地方""城市的标志物是什么"等问题，研究者回收问卷后进行数据统计分析，确认以上这些问题的总体倾向性答案。问卷法的最大特点是可以量化，并能轻松地进行分层分析，以回答性别、年龄、职业、收入等个体属性是否影响人们心目中的城市意象定位，其缺点是问卷法仍很难表达被访者自己心中的城市，研究者的导向性作用仍很明显。

6.2.3　城市色彩意象的构造

色彩是最易识别的视觉元素之一，人们在观察的过程中，接收到了有关色彩的不同信息，并将它反馈到我们的大脑中，经过快速的联想搜索，得出一系列与之相关的意象判断。城市色彩意象可以理解为城市意象的一部分。城市，就其视觉和心理感知而言，可以理解为由形状和色彩共同构成的空间和界面。因此，城市色彩是观察者对所处环境空间的色彩感知，是客观环境中基本色彩单元和色彩序列在人的头脑中所形成的色彩图式，是环境色彩与人双向作用的结果。城市色彩意象是城市意象的一个方面，对于城市意象和场所精神的形成具有重要作用[8]。

城市色彩意象主要由城市的个性（identity）、结构（structure）、意蕴（meaning）等三个层面构成。具体来说，首先，个性是指城市色彩意象本身所具备的特质，即城市自然色彩，这是每个城市生来与其他城市不同的地方；其次，结构是指城市色彩意象的形态，或非固定自由，或灵活松散，或与功能建立牢固的联系；再次，意蕴是指城市色彩意象的内涵，是城市主体与城市色彩意象之间建立的一种关系，它应当具备可识别性。每个城市都应该拥有属于自己的独特符号，正是这些各有特色的符号构成了别有风味、不可重复的特色。惟其如此，一个城市的色彩意象，才成为专属于一个城市自身的特定的文化符号。正如人类自身既具有感性又具有理性，既具有自然属性又具有社会属性一样，人类文化也同时包括科学与人文、技术与艺术，人类的精神取向也包含着现代与传统，由此构成了城市意象体验的不可或缺的两个方面。因此，城市色彩意象的构造既有自然属性也有社会属性，既受城市自然景观影响，也深藏城市人文精神。

城市色彩意象之美最大的特色就是差异之美，虽然城市按规模、功能和区位有差异之分，但能够与城市主体的审美情趣相吻合的，能够与人的情感和联想相呼应的是城市色彩意象的特色差异。因此，实现城市主体与城市色彩的同一，便构成了这种差异。自然景观的美虽然容易触动感性审美，但它除了有自然界在时间区间内的沉淀、在地域地貌中形成的不同风格外，没有历史、文化以及科技的韵味。"通过自然化的艺术和美学化的自然，如画性不断地逾越两者之间的界限，让其互相融入彼此的形式。"[115]参考城市自然景观，可实现城市色彩意象对本真的回归。

6.3 城市精神理念的色彩转化

城市精神理念的色彩转化需要考虑两方面，一是城市的自然环境，二是城市的人文精神。城市自然景观体现出城市的个性，长期影响着城市色彩的独特性及可识别性，构成了城市色彩意象的表面特征。地域性的城市色彩存在着文化原型，这种文化原型可以理解为一套长期作用于该地域城市主体的约定俗称的规定，可以为该地域城市色彩意象的推导提供参考。

城市人文精神理念承载着城市的共性。城市色彩意象是与城市文化内隐的价值密切相连，是对后者的表征，城市的精神是城市色彩风格、城市色彩意象创造的源泉。

城市人文精神是该地域独特的、共有的，且其本身就是善的、正确的、美的、令人愉快或合乎人的愿望的。

6.3.1　城市精神理念的色彩转化方法

城市精神理念转化为城市色彩意象，首先应了解城市主体对城市色彩意象的感知。感知与意象的研究跨越了心理学、哲学与美学等多门学科，从不同的视角、不同的深度表达了不同的含义，如果仅用城市主体的感知是"内心的领悟"，城市色彩意象是"心理的图像"来简单表达，显然无法与承载历史、现实和未来的城市相吻合。城市审美是一个变化的过程，这一审美是有意识的，依据城市精神塑造的城市色彩本身就凝聚了城市主体对美的认知。如果将城市主体对城市的主观感知简单地分为感性的和理性的，那么就感性而言，人类互相之间有多少种情感，就对城市倾注了多少种情愫。城市主体不会拒绝用心去爱一座城市。城市主体对城市的理性感知是建立在感性的基础之上的，是经历了无数次历史巨变和文化洗礼之后所有感性的浓缩和提炼。无论是社会学、心理学、建筑学、人类学、美学、文学等学科的学者，还是城市本地人或城市匆匆的过客，都从各个视角，以复杂的心态审视着城市。所以从城市的人文精神理念来推导城市色彩意象，彰显城市主体先验中的良善与纯真，是达成城市主体对城市色彩认同的必要手段。

广义的城市色彩意象是城市形象的一部分。色彩的艺术性及人对意象的思维特征是人内心感受色彩精神的桥梁，是城市色谱形成概念的第一步，是城市色彩主色调、主旋律确立的前提。城市色彩所从属的城市精神是产生意象的最强大动力，精神可以被转变成简单明了的色彩形式，具体的转化方法如下所示。

图6.2　城市精神到城市色彩意象的转化方法

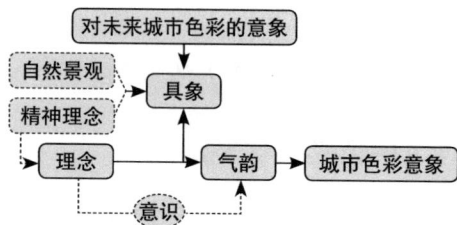

6.3.2　城市精神理念的色彩转化原则

城市精神理念色彩转化的逻辑本质是先从"精神"转换到"气韵"，再从"气韵"转换到"意象"，利用符号学的原理，还原归纳出地域城市色彩的意象，从而建构出城市模糊的色彩形象。利用"抽象、引用、类推、换喻、同源"①等手段，创造出既与城市自然属性色彩相联系，又吻合城市主体精神理念的色彩。这里的"气韵"借用了中国古代绘画艺术理论中的气韵概念，通过对城市气韵的领悟，结合城市自然景观，实现城市精神理念到城市色彩意象的转化，从而构建出一幅城市意象的画面，其中转化的关键在于气韵的生动，转化的原则如下：

一是以城市色彩意象彰显城市理念，即城市色彩审美意象之象与气的统一。具体说，就是指在转化城市色彩意象时，应突破城市有限的孤立的物象，使城市色彩意象体现出城市的本体和生命——城市精神与城市气韵。从有限到无限，使城市色彩意象显现出一种别样的生机。只有在城市色彩意象中有了气韵的流动，城市才能起到吸引和聚集的效能，才能体现出城市的无限生气。以具体的有限的城市色彩意象体现城市本体精神无限的气韵、色彩意象与精神的统一，是意象这一结构的基本原则。

二是以城市色彩传达城市精神，强调城市色彩意象外在与城市色彩本身精神的统一。中国古典美学关于意象的形神论，可溯源至《易传》和《庄子》。城市色彩意

①借用了罗西的类推程式：1.引用存在的建筑和片断；2.图像类推；3.换喻；4.产生同源现象。这些程式有一个基本的前提，即它已经对城市和建筑的原型进行抽取、简化、还原和归类。

象要达到与自然俱化的境界，城市的气韵生动不仅来源于城市色彩的统一和谐，还需体现城市的个性及自然之美。气韵与色彩的关系不仅超越了色彩本身的框架，而且还表现出作为城市精神本质的色彩意象关系，只有深入色彩的外在并得其精神，才能获得气韵与色彩的统一。

6.4　诗居城市色彩意象

诗居城市的色彩意象是城市精神的画面呈现，它一方面连接过去并指引未来，另一方面又连接着人与其所希望改变的城市环境。诗居城市的色彩意象使城市主体产生"所有物化皆为一种忘却"的感受。艺术化的城市色彩意象是城市色彩的终极形态之一，城市主体的心灵会因其而变得充实并且圆满。

6.4.1　诗居城市色彩意象的效能

根据空间设计的场所理论，场所的本质在于对物质空间人文特色的理解，就抽象和物质而言，"空间"是有边界的或者是不同事物之间具有联系内涵的有意义的"虚体"，只有当它被赋予从文化或区域环境中提炼出来的文脉意义时才成为"场所"。因此，只有当城市色彩意象被赋予该地域的文脉意义时，城市才成为"场所"，否则只是居停的空间。人们需要一处相对稳定的场所系统来展现自我、建立社会生活和创造文化，这就需要我们赋予城市色彩意象一种感情的内涵，从而使城市主体的生活成为一种超越物质的存在。

理想的城市色彩意象在于通过让物化了的世界讲话来同物化做斗争。只有忘却人生所遭遇的困苦，把城市主体从压抑人的现实原则中提升出来，才能使其达到诗居的生存状态。

6.4.2 诗居城市色彩意象的特征

城市色彩意象指城市色彩所具有及表现出来的品质、风韵、个性和艺术特色，它包括了两层含义：一是整体、有序、和谐的色彩基本面貌；二是在此基础上所表现出的形式、手法等所具有的鲜明、典型的特征。诗居城市的色彩意象其实就是城市形象识别精神理念的感性显现。

诗居城市色彩意象好坏的关键在于是否符合城市主体的存在意识，这也关系到城市色彩形象识别所设计色谱的成败。诗居城市的"诗意"是借城市色彩语言来"筑象"，而非概念的表达。城市的诗魂是流动的"情志"。诗意，用这种描述精神的语言筑造的城市色彩意象，不是对诗居状态下城市精神的刻板反映，而是一种再创造。比较而言，用物质实体筑造的色彩意象，具有看得见和听得着的直接现实性。与此不同，运用诗意环境下城市精神语言筑造的色彩意象，没有直接看得见或听得着的现实性。虽然城市精神理念的语言也可通过念出声来听，但是语言的描述如果没有读者和听者借助形象思维的联想，也是难以领会的。这说明，城市色彩意象具有隐喻的象征特点，也给城市主体留下了广阔的想象空间，对城市概念色谱留有再创造的空间。诗居城市色彩意象的内在隐喻着城市精神理念，外在则需获取差异认同；只有这样，才能表达城市垄断性的人文精神，形成冲击认同，赢得城市主体的精神认同。

第七章

诗居城市色彩形象
识别设计实施

城市色彩形象识别设计的实施包括城市色谱的呈现及管控评价，属于具体的操作层面。在实施的过程中，需要全方位地考虑城市色谱及色彩附着的载体，应考虑针对城市范围内已确定色彩的面积比例、施色部位、空间排列方式等内容的确定，以及大范围、经常性使用的材料的风格，如自然材料、传统材料、现代材质或具体材质类型的明确。

7.1　城市概念色谱确立

城市概念色谱是对城市整体色彩基调色运用文本、景观模型、计算机模拟等方式的呈现，并不涉及城市各功能区内具体的色彩管理控制。城市概念色谱是城市色彩形象具体实施时需时刻考量的因素，以确保城市色彩整体风格的同一性。

7.1.1　城市色彩现状分析

影响城市色彩环境的因素多样而且纷乱复杂，将诸多的因素全面衡量，并运用得当，使其具有真正实用的可操作性，是城市整体色彩设计的关键。对于一座城市的建设来说，无法抹杀其历史的存在，不能忽略其历史文化的积淀。所以，城市色彩的设计不是一个凭空想象的产物，必须详细解读现有的环境、城市历史等已经存在的多方面因素，发现相关的信息和相关的制约条件，在此基础上研究出的城市色彩才会成为有生命力的城市霓裳。因此，城市现状色彩信息的收集是城市色彩形象识别设计的基础，是进行色彩分析和特征归纳的准备阶段。

基于广义的城市色彩定义，对于城市色彩的分析，既要关注城市整体色彩印象，也要研读城市重点色彩景观，并通过色谱化处理方式，使城市色彩特征清晰呈现。影响一个城市色彩的因素非常复杂而且多样，在收集过程中如何将各种因素全面地纳入考察范围，而且又使其具有可操作性，这是能否真正实现良好有效的城市色彩规划控制的关键。城市色彩的产生和发展是一个不断更新的过程，城市色彩的现状通常是城市发展历史的积淀，这种交错的时间、人、事件所留下的痕迹不可能被轻易抹去。因此，城市色彩规划设计的过程就是一个解读已经存在的各种复杂的条件信息，然后在此基础上依据理想目标创造新的信息的过程。

一般情况下，城市色彩分析主要包括两方面内容：一是城市背景信息，包括该城市的概况、自然地理信息，以及历史人文信息等；二是城市各个部分的色彩信息。

1. 城市背景信息分析

城市背景信息的调查，主要从城市的地理位置、气候条件、自然地理特征及历史文化等几个方面获取，可采取实地调研与文献资料查找相结合的调查方式。

1）城市区位信息

城市的位置包括地理区位、文化区位以及与周边城市的关系，它直接影响着城市形象的定位。城市的性质对城市色彩设计也有着指导性的作用，不同性质、不同特色、不同个性的城市，其基调色彩的选择是不同的。如行政中心城市、旅游城市、工业城市的色彩环境基调规划和色彩搭配的方式就不一样。城市的规模大小决定了城市色彩设计所采用的方式。小城市往往功能简单，结构明了，城市的分区较少，容易形成整体的色彩风貌。而大中城市面积较大，功能比较复杂，人口众多，城市的分区也较多，很难形成统一整体的基调色彩。一般来说对于这类城市通常采用这种方式：即在整体协调的前提下，分功能区进行色彩环境设计。

2）城市气候条件

掌握气候条件，对城市的气温、降水和湿度、云量和日照以及大气污染状况等气候条件有所了解，才能掌握该城市色彩的观察环境，这是城市色彩形象识别设计的必要条件。

气温的高低会对人们的心理产生一定的影响，这种影响会直接作用于人们的视觉需求，但并非绝对。一般认为，寒带地区的人们比较偏好具有温暖感的暖色系，喜欢看到温暖、厚重的色彩；热带则偏好采用清凉感的冷色系，喜欢看到清新淡雅的色彩。这个规律在我国的大部分地区基本适用。人们选择环境的色彩是满足人们视觉平衡的需要，但是并不绝对，也有些地区由于文化的不同而出现相反的状况，如炎热的非洲、墨西哥、意大利等国家和地区偏爱使用高纯度的鲜艳色彩，而在德国、奥地利等纬度较高的国家中，冷色系却被频繁使用。因此，气温因素对于城市色彩景观的设计有一定的参考作用，但不能一概而论，还需与其他因素协同考虑。在色彩调查中，可以调研一个地区的年平均温度作为判定该地区冷暖的依据，从而形成城市色彩规划设计中冷暖色调确定的参考数据。

城市中雨量的大小和湿度条件可以直接影响环境的视觉观察效果，尤其是色彩的观察效果。通常，在晴朗和日照强烈的时候，大气中能见度很高，此时色彩的彩度在感觉上会降低，比如夏日艳阳高照的时候，人们眼中任何物体的色彩都像是被晒褪了色一样，而在阴天，阳光照射减弱，光线比较柔和，空气透明度差，在这样的条件下彩度就显得得体。另外，在多雨和少雨的城市中，对于最能表现城市色彩的建筑外立面的材料选择也会不同。基于这样的认识，掌握一个地区色彩景观的观测条件，对于该地色彩景观设计的定位具有一定帮助。在调查中可通过了解一个地区的年雨日和年雾日指标来获知该地区的降水和湿度，并且可以根据一个城市一年之中的降雨和降雪、雾天和晴天之间的天数比例获知这个城市一年之中大部分的时间处在何种气候状况下，从而推测城市色彩景观在大多数情况下的认知和感受条件。

城市上空云量的大小决定了日照光线的强弱，而日照的强弱和降水与湿度一样也可以使观察色彩的感觉有所改变。所以，这两个指标也同样有助于城市色彩设计的定位，可以通过年平均云量和年平均日照数反映出来。

综上，气候条件中的降水、湿度、云量、日照指标以及大气污染情况等都是城市色彩景观观测的光照条件，它们影响着色彩景观给观测者的视觉感受，因而在调研和设计中需要引起重视。

3）城市自然地理特征

城市处在一定的自然地理环境之中。每座城市都具有自己独特的自然地貌特征，城市自然地理特征对城市风貌的形成具有重大影响，是现状资料获取中不可缺少的部分。有些城市建设在平原上，而有些城市则建设在丘陵山区上，另外河湖水系等在每个城市中的状况也不会相同。一方面，独特的自然地理特征是定位城市风貌特征的重要依据，另一方面，当山峦丘陵、江河湖海、森林草场等自然地理因素在城市风貌中具有一定影响力时，它们的色彩特征在城市色彩设计中也具有重要意义。在色彩调查中，应考察城市的布局总图，了解城市的布局和自然地貌的关系。同时，应结合实地的考察调研，通过拍摄现状照片来梳理和了解城市的自然地貌。

4）城市历史文化

在城市文化和历史两个主题中，对城市色彩环境有直接影响的因素有两个。一是历史性的古建筑。一些地方性的古建筑群已经是一个地区特异文化的象征，就像提到故宫和长城就想到北京一样，这些古建筑在人们的心理上创造了归属感。而在经济高速发展的今天，保护古建筑、古文化的呼声也越来越高，成为人们关注的焦点。二是地区的风俗习惯。每个地区都有着自己的风俗习惯，尤其是我国的少数民族地区，每个地区的人们都有着喜爱和禁忌的色彩。不同地理位置、气候状况、资源供给、技术水平等客观的条件和限制所造成的用料和施色习惯，经过漫长的岁月逐渐积淀、演变、升华成为一种非物质性的文化因素，它在一定程度上代表了一个城市的风貌特征。

2. 城市色彩信息分析

除对城市背景信息进行文献检索和梳理外，还需对城市各部分色彩进行分析。在介入城市色彩信息分析时面对庞大和复杂的城市对象，就需要对城市进行分区。有些城市在规划时就已经有了分区，可以在此基础上进行，也可以作一些调整，并在此基础上作一些细划。一般情况下，城市会形成相对明确的功能区域，这些分区在城市中承担着相应的功能。目前的城市分区一般有中心商务区、商业区、传统地方文化商业区、地方文化保护区周边区域、科技与文教区、居住区和工业或港口区等。各个城市的规模不同，地理及历史条件也各不相同。在对城市进行分区时，要考虑到城市的具体特点，如城市规模、当地的自然地理条件、人文历史文化的条件、城市的性质、城市的功能分区等因素，并在此基础上确定一些重要的街区、街道、广场、车站、港口等重点部

位后开展工作。在城市分区的基础上就可以明确从哪些
类别角度来采集城市的色彩信息。

城市的色彩信息从大的方面分为自然色彩信息与人
工色彩信息。自然地理色彩信息包括植物、天空、水系
和山峦等，人工色彩信息包括建筑、路面、桥梁、雕塑、
标牌和公交车辆等，其中建筑色彩是主要的调查对象。

1）城市自然色彩信息

（1）城市地方材料的调研。城市的地方材料、乡土
材料是城市历史文化的载体，是由城市的气候、地貌、
资源、人文等综合因素决定的，是经过漫长历史而被选
出的人的生活审美需要与自然环境相和谐的产物。现代
城市中，由于技术条件的进步，建筑领域已经不再拘泥
于地方的或传统的建筑材料，但地方材料所承载的地方
文化在今天的城市建设和发展中具有特殊的意义。可以
通过对城市所处自然环境的调查来采集地方材料的样品
和色谱，也可以对城市的传统建筑进行调研来了解地方
材料的使用情况。自然要素和历史性建筑的考察是获取
地方材料使用情况最主要的方法。

（2）城市及周边的自然色彩信息调研，如植物、天
空、土壤、水体的色彩信息的获取。自然色彩是一种非
恒定色彩，随着气象变化、日夜更替、四季轮回会有较
大的改变。在色彩景观规划设计中对其控制度无法像人
工色彩那样高，但应进行统一考虑。植物是自然因素中
可控性较高的一种，和各种人工色彩关系密切，对整体
风貌的影响也较大，因此是重要的调查对象。天空、水
体、土壤等的自然色彩也应列入考查范围。

2）城市人工色彩信息

城市内具有典型地域特征和一定历史文脉的建筑色
彩信息收集，如传统类型建筑、民居以及历史风貌建筑

等。建筑色彩是人工色彩中相对恒定的，具有一定的时间跨度。建筑是现状调查的重点，也是色彩规划设计的核心部分。同时，铺地作为城市环境中数量较多的元素，也是城市色彩分析中不可缺少的一部分。

3）城市可移动色彩信息

调查内容包括构筑物、城市铺装、户外广告、街具设施等方面的色彩信息。目前城市广告和店招的数量呈上升趋势，为了起到宣传作用，其色彩通常鲜艳且对比强烈，是城市色彩管理控制中应重点关注的部分。垃圾桶、休息座椅、候车亭、电话亭、指示牌、邮筒、垃圾箱等城市的公共设施是城市色彩环境中的点睛之笔，也是城市的点缀色彩表现得最微妙的地方，对城市的人文色彩环境起着不可低估的作用。它们都是城市色彩现状分析中的重点部分。

根据以上分类，对于城市色彩现状的分析可遵循以下要点。

城市色彩现状分析要点 表7.1

分析的基本内容		分析的具体内容	信息获取方式
背景信息	城市概况	位置、性质、规模等	文献查阅、实地考察
	自然地理信息	气候、地理特征等	文献查阅
	人文历史信息	历史沿革、风俗习惯、人文传统等	文献查阅、实地考察
色彩信息	自然色彩信息	植被、土壤、水体等（包括地域性传统建材）	色彩记录、提取
	人工传统色彩信息	传统建筑、民居、历史建筑等	现存：色彩数据精确测定
			非现存：文献查阅确定或推测
	人工现状色彩信息	建筑、户外广告、路牌等	色彩记录或色彩数据测定

（来源：本研究整理）

3. 城市色彩信息收集流程

城市色彩样品信息的收集需要完善的工作程序。随着技术的发展，越来越多的采色仪器应用于城市色彩色样的收集工作中，大大提高了色彩样品信息的精准度。对色彩有序的分析及归纳整理是色样收集的最后一步，经过对色彩谱系、构成性及载体材质的分析完成城市色彩现状数据库的构建。

　　城市的色彩现状分析是一项非常复杂的工作，要求所收集的色彩信息有一定的准确性。根据对象的不同，色彩信息收集需要一般的记录，如通过摄影或文字描述的方式获取信息，同时，还需要辅以量化分析的手段梳理，利用色彩分析软件、专业配色软件、SPSS、SmoothDraw、Photoshop等相关计算机处理技术对收集的色彩信息进行整理分析，建立各类城市色彩构成因素数据库。通过技术性的方案，让沉积复合的色彩环境逐层地分离，使我们清晰地把握城市色彩的历史演进路径以及决定性因素和影响因素。

　　城市色彩信息收集的主要工作程序为现场记录、测色、现场比色、实物色样收集、测定色彩数值、复杂色彩精简化、代表性色彩录入数据库、归纳分析测试数据、根据表色体系确立色彩坐标值。后期将调查现场记录的色标和现场所拍照片对照，检查色标与现实物体色彩是否还原一致。

　　1）技术手段

　　为保证城市现状色彩信息的收集和色彩方案实施的精确性，在色彩样品的定量描述中，统一采用孟塞尔颜色体系的标注方式，中国颜色体系、建筑色卡作为样品比对、色样制作的辅助手段。综合考虑调查对象的特性、各种工具的特点以及实地调查的灵活性，通常可采用的仪器设备主要有彩色亮度计、分光光度测量仪、数码照相机、孟塞尔色卡、中国标准建筑色卡等。

　　彩色亮度计是用来精确测量物体表面色彩的仪器。

它专用于物体或光源的亮度和颜色瞄点测量，不仅可满足实验室内使用，也可用于室外现场观测。需注意的是，便携式彩色亮度计只能测量接近理想均匀漫反射的表面，如涂料、砖、木材或非抛光面的石材，对反射系数较大的表面测量数据则不精确，因此不能用于测量玻璃等反射系数大的表面色彩。

色卡也是用于确定被研究对象色彩数值的常用工具。通常采用色卡目视比对的方式，具体方法是通过观察调研对象的色彩，选取色卡中与调查对象相近的颜色，再根据色卡的标注数值来确定调查对象的色彩信息数据。

照相机是记录景观场景最为直接和真实的手段。照片可以真实地记录景观的实际视觉场景，特别是通常的观测角度，可以全面地反映包括建筑在内的各种视觉景观因素。在实地调研中，拍摄景观照片是一个非常重要的环节，数码相机拍摄的照片还可以方便地通过计算机软件对画面的色彩进行面积和色彩描述的分析。

总之，每种测量工具都各有利弊，在实际工作时需要根据各自情况选择恰当的一种或多种工具进行测量，尽可能保证资料的精确性。

2）城市色彩色样整合

收集大量的色彩信息与数据后，需对现状色彩的信息和数据进行有序的分析、归纳、整理，根本目的是研究城市色彩的特异性，即有别于其他城市、其他地域的特殊性，包括色彩的物理属性、色彩构成的根本规律和法式、材质的运用等。通常是采用列表格的方式来将这些视觉的元素进行分类，将分类的色彩结果，所用材料、配色方式以及配色面积比例等全部清楚地记录在表格中，有时被测表面的色彩组成过于复杂，则需对数据进行精减，将有代表性的色彩纳入数据库。

　　在归纳整合时需进行色彩谱系分析、构成性分析及材质分析。色彩谱系的分析主要是针对色彩的物理属性，如色彩的色相、明度、纯度，进行分类归纳。色谱仅仅以单一颜色说明色彩的物理属性问题，并不能对色彩的面积比例等色彩构成性问题作解析，因此还需对色彩的构成性进行分析。从语义学的角度看，如果说色谱分析是对句子中出现的单个词汇的整理，那构成性分析就是对整个段落结构的分析，色彩的构成性分析主要是针对城市色彩载体的结构、场景、距离等进行分析。材质分析则主要针对城市色彩载体用材的差别进行比对整理。不同地域的城市色彩，色谱归纳，构成性分析（包括图式分析和文字描述），以及材质等其他方面的分析这三项内容是相互呼应的，但又各自解决其他项内容不能解决的问题。

7.1.2　城市概念色谱的推导

　　以城市色彩现状色谱为基础，其中城市景观色彩为重点，根据城市色彩意象，推导城市色彩概念色谱。同时，参考国内外及历史上相似类型的城市色彩成功案例，具体的推导方法如下。

　　在确立城市概念色谱时还需综合考虑以下要素。

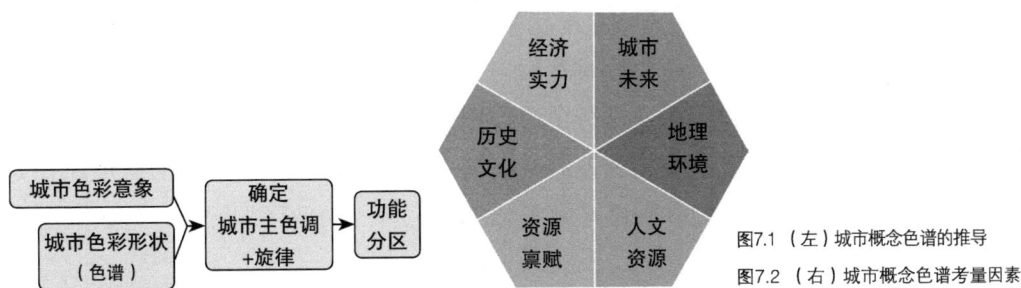

图7.1 （左）城市概念色谱的推导

图7.2 （右）城市概念色谱考量因素

7.1.3　城市概念色谱的呈现

编制详细说明工作结论、设计思路与最终成果的文本。以图片为主，图文并茂的形式编制与规划文本相结合，并深入详解、展示各处工作与设计细节以及设计前后对比的"报告书"。编制包括建筑物、广告招牌、公共设施等各专项部分的色彩应用设计指导手册。制作城市色彩标准总体系展示板，向规划管理部门提供专业色彩工具及后续培训。

计算机色彩模拟设计。随着科技的进步，电脑模拟城市色彩设计的模式越来越受到青睐，在表达城市色彩概念方面更为逼真生动，视觉效果更为直观，便于评价和修改。

色彩环境景观模型。为了进一步体现城市色彩规划的总体效果，在计算机模拟基础上，搭建微缩模拟景观。

7.2　城市各功能区色谱

在确定城市色彩的概念色谱后，对城市进行色彩布局，确定空间结构及其色彩目标，在确保整体性的基础上形成风格的丰富性，以适应城市本身的多样性的历史感特征。

7.2.1　城市色彩分区

在进行城市色彩形象识别设计实施的时候，对城市区域进行色彩控制分区是行之有效的方法，是进行具体实施和控制的前期工作。现代城市区域按功能可划分为几种基本类型，如住宅区、商业区、行政办公区、工业区等。

城市住宅区的色彩要求体现一种文化和场所精神，高层、多层住宅区的色彩视具体情况而定。通常来说，低层住宅更易体现地域文化特色，高层建筑色彩应与传统底层建筑色彩有所区分。

商业区中，如果是具有历史性的特色商业区或历史风貌区域，其色彩规划设计应该具有地域特性，强调建筑和其他街道要素的当地色彩特色，形成富有当地时代气息的色彩文化。

对于城市的行政区和办公区，大城市中的中央商务区（CBD），一般来说要体现一定的效率感和节奏感，也可以以其他的方式营造该区域的城市色彩形象。

对于城市中的工业区，现代工业建筑的形象定位不是来源于历史，一般也不来源于地域与文脉，而是来源于自身的生产特点。工业建筑应该发挥自身得天独厚的创作空间，创造新的建筑体块形象。色彩使用应该考虑不同工业类型的自身特点，街道设施和其他要素的使用应该简洁、现代。但对于工业遗址区，可形成城市特色区保护与改造。

历史类建筑控制使用色谱。历史建筑周边的建筑物禁止使用高纯度色，应使用有自然风格的建材；若不具备使用自然风格建材的条件，建筑的基调色要以低明度色为主。生态保护类建筑的色彩以暖色系为主，展现与自然相融合的景观，现代建筑物基调色要选用低纯度色彩以突出自然景观和历史景观。

7.2.2　城市色彩控制要素

如果说城市色彩设计属于一种抽象而宏观的色彩战略纲领，那么城市色彩设计搭配则是具体而细致的色彩应用过程，是对城市各个构成要素综合的色彩面貌进行视觉化创造的行为，并贯彻城市色彩规划的始终。

对于城市色彩形象具体的实施控制操作应着重考虑以下几个方面的因素。首先是绿化植被色彩，因"绿化植被的四季性与地方性两点往往最能表现该地区的空间特点"[116]。其次，是城市的水体色彩，"作为一种要素，水是城市建设艺术的核心"[117]。第三，是城市中的建筑色彩，"决定建筑本来的外观形态称为第一次轮廓线，建筑外墙的凸出物和临时附加物所构成的形态称为建筑的第二次轮廓线"[118]。其具体内容包括建筑物屋顶色、建筑物墙面色、建筑物门窗色及相关细部色彩、建筑附属物色彩、建筑物底层色彩。第四，是城市中的户外广告色彩。第五，是城市中铺地的色彩，"在可供人们观赏和停留时间较长的地方，地面的色彩设计具有非同一般的意义"[119]。第六，是城市中各类型街道设施的色彩。同时，城市中各景观元素间的色彩组织与协调也是城市色彩形象识别设计实施控制时考虑的重点。

7.3 城市色彩的实施管理

城市色彩在相关的实施管理过程中，需要依据政府与各领域学者所指定的城市色彩管控条例进行具体操作。城市色彩建设的管理实施具有"综合性、整体性、系统性、时序性、地方性、政策性、技术性、艺术性等诸多属性"[120]。

7.3.1 城市色彩管控依据

城市色彩的管理，包括研究城市的自然条件、历史传统、地方文化，权衡社会发展、经济技术的趋势，结合城市的过去和未来，确定城市色彩的基本发展战略。

主要有以下几个方面：城市色彩的布局管理；城市色彩的技术管理；城市色彩的维护管理。

城市色彩管理良好的基本标准是：是否具有独特的、艺术感的整体城市风貌；是否与当地历史、文化和自然相协调；是否符合公众的审美偏爱和发展诉求；是否与经济技术条件及其发展相适应。

城市色彩规划的成果要求包括文字和相关图纸两部分。文字部分包括文本、说明书、附件。其中文本包括规划依据、规划目标、规划原则、规划布局、规划要求、技术标准、管理措施等；说明书包括相关法规，规划规范要求，城市色彩现状、评价，规划目标与原则、方法、定位，规划布局，控制方法，实施管理措施等内容的详细说明；附件包括基础资料汇编、会议纪要、评审意见等。图纸部分包括规划区色彩评价图、色彩规划总平面图、规划布局图、色谱图、详细设计图、意象引导图等。

城市色彩规划的审批，由市县人民政府组织编制；市县城市色彩规划由同级人民政府审批。规划内容如果编制成为专门的管理条例，由同级人民代表大会审议通过后，具有法律效力。也可将色彩规划的相关内容条文纳入城市控制性详细规划。

对于城市色彩设计的成果要求：城市色彩设计是城市色彩规划的具体化，将城市色彩规划的总体内容贯彻落实，做出"量"的分析和规定，经常与街景整治项目结合在一起。也有单项设计的情况，如夜景设计、广告店招设计等。各种类型的图纸和文字有较大的差异，但共同的部分基本包括两点：

一是图纸部分：周边环境图、位置图、总平面图和立面图、附着真实材料的屋顶总平面图、立面图、与环境一体化的表现图、效果图、材料大样及色值等。

二是文字部分：设计依据、现状分析、设计目标、设计原则、设计方法、技术经济指标、措施建议，以及基础资料汇编、会议纪要、评审意见等。

特定的城市能否对色彩实施管理，决定于政府、开发商、业主和公众的要求是否与色彩管理的要求相匹配。在我国当前的条件下，尚需要有相应的体制机制的保障或增加专门的规划实施管理措施。

7.3.2　城市色彩管控流程

城市色彩规划目标得以实现，最终取决于政府相关行政管理部门对编制完成的城市色彩实施管理的具体操作流程与方法。城市色彩建设的管控不可能一次完成，应按照城市发展和对外形象展示的轻重缓急，制定合理的改造时序，有计划、有步骤地完成城市的色彩设计与改造。

城市色彩的实施管理，是执行设计方案的过程。一方面，色彩设计方案必须参照城市及城市区域色彩的宏观控制要求；另一方面，管理者必须到现场监督色彩实施的执行情况。因为设计方案不是城市色彩的最终结果，它还必须在现场得到最后的检验与调整。其主要内容为宏观层面的控制与微观层面的管理相结合，在后期设计实施及检验时需采用城市色彩现场管理，从施工到维护全程参与，以便对城市色彩形象识别设计予以更完善的指导。

7.4　城市色彩评价

城市色彩的评价主要指对城市中各功能街道的色彩

实施予以评价控制，为城市色彩后期的设计及操作提供客观的依据。根据城市环境中各节点的特征，拟定城市色彩评价要点，以城市主体为本，考虑色彩的生理及心理感知，对城市色彩形象识别设计成果进行评价。

7.4.1 城市色彩评价目标

城市色彩评价指评定价值的高低。它是评价主体依据一定的标准对待评价客体所作出的比较、判断，实质是判断客体满足主体的需要程度。评价的根本目标是为下一步的行动提供客观依据[121]。从这个意义上说，任何城市色彩景观规划设计都必须以"城市色彩的评价"为必需环节。

城市色彩景观的评价具有两个层面上的意义：既是进行城市色彩景观规划设计的基础依据，也是对规划设计成果的检验。当色彩规划设计方案实施完毕时，也需对成果进行检验，以考察方案的执行效果。城市色彩规划设计方案是以"控制"为主，对其最终效果仍需进行评价，确认其是否符合规划设计的预期值。

7.4.2 城市色彩评价要素

城市色彩评价是在实地调查的基础之上经过评判、对比、分析得出相应的评价结果。城市色彩评价的出发点结合了视觉美学与文化心理两个层面。

规划后的成果从以上两点进行考量，坚持以人为本，运用色彩学的心理感知规律来评价城市色彩的空间构成和组合是否能让使用者感到愉悦和美观。不同风貌类型的评价要点如下所示：

城市色彩风貌评价要点

表7.2

类别	子项	评价要点（应该具有的环境特点）
商业型街道	城市中心商业街道	热闹的、有趣的、愉快的、轻松的、舒适的、标志性的
	特色商业街道	有趣的、标志性的
	历史风貌街道	标志性的、地域文化的、历史文化
	旅游商业街道	标志性的、地域文化的
	混合型商业街道	多样的
居住型街道	传统居住街道	舒适的、亲切的、温馨的、归属感的、宁静的、认同感的、地域文化的
	现代居住街道	舒适的、亲切的、温馨的、明快的、现代的
	混合型居住街道	舒适的、亲切的、温馨的、宁静的、多样的
	现代多层底商居住街道	舒适的、亲切的、认同感的、归属感的
	特色底商居住街道	标志性的、地与文化的、历史文化
	传统现代居住商业混合型街道	历史文化、现代的、多样的
办公型街道	现代行政办公街道	庄重的、严肃的、高效的、干净的、明快的、向上的、现代的、标志性的
	传统行政办公街道	庄重的、严肃的、干净的、地域文化的、标志性的
	混合型办公街道	庄重的、严肃的、干净的、多样的、标志性的
工业型街道	现代工业街道	高效的、现代的、便捷的、干净的、清爽的

（来源：本研究整理）

第八章

案例——
福建省永安市城市
色彩形象识别设计

福建省永安城市色彩形象识别设计研究的主要内容是探讨如何维护永安的传统色调和打造"桃源仙境、诗意永安"的城市色调，并在当代都市化进程中进行有机融合，全面揭示永安的城市色彩特点及其发展规律。这是在永安保护大自然赐予人类的珍贵财富，并在新区发展建设中延续和发展这一主题的大课题下进行的，目的是通过对永安多方面的研究，确立新区建设中城市色彩如何以桃源之乡的形象延续和发展。

8.1 永安城市概况

对于永安城市概况的了解主要采取实地考察结合文献收集参考的方式，从永安的自然特征、历史文化、人文环境等方面进行概况信息的把握。

8.1.1 永安城市风貌概况

永安，桃源之乡，耕读传家，偏安一隅。位于福建省中部偏西，东临大田，西接连城、清流两县，南毗漳平市和龙岩市新罗区，北连明溪县三元区。东西宽82公里，南北长71公里，总面积2942平方公里。永安是我国南方典型的"地学博物馆"，发育着不同地质历史时期的褶皱和断裂。地势由西南向东北逐渐降低，地形多山地、丘陵、盆谷，占90.87%，平原狭小，仅占6.23%，有"九山半水半分田"之称。该市气候属亚热带季风山地气候，夏长冬短，雨量充沛，气候温暖，年平均气温19.1℃，年平均降水量1580.7毫米，盛行风为东北和东北偏北，静风频率为43%。永安主要属闽江流域的沙溪水系，九龙溪——沙溪干流是第一大河流。境内地表水资源量26.9893亿立方米，地下水资源量8.6732亿立方米，水资源总量83.4384亿立方米。林地面积368.85万亩，林木总蓄积量2106万立方米，森林覆盖率80.7%，为全国南方重点林区县（市）之一。永安矿产资源丰富，主要有无烟煤、石灰石、重晶石、铁矿，此外还有丰富的地热和矿泉水资源。永安拥有以国家级风景名胜区桃源洞——鳞隐石林为代表的一批档次高、规模大的旅游单体资源，其中国家级旅游资源8个，省级16个，地市级38个，共占全市旅游资源的51%。永安境内石灰岩分布广泛，属喀斯特地貌。自然资源丰富，素有"金山银水"之称。

8.1.2 永安城市区位概况

永安是闽西北、海峡西岸区域交通枢纽，是闽西北与闽南的交通枢纽和重要的物资中转、集散地。随着泉三高速的建成通车及永武、永宁高速的开工建设，以及规划中的永漳高速公路、杭广铁路三明段、长永泉（长汀–永安–泉州）铁路三明段的建设，永安的交通优势得以凸显，在全国、全省的陆路交通地位明显提升，将成为海峡西岸区域交通枢纽。

图8.1 永安地理位置分析
（来源：http://map.baidu.com）

8.2 永安城市色彩现状调研

永安城市色彩现状调研包括自然色彩要素、人工色彩要素和历史人文色彩要素。自然色彩要素是指构成永安市自然景观环境的桃源洞、石林、天宝岩、安贞堡、巴溪等自然景观的色彩。人工色彩要素是指人工营造出来的永安市景观环境诸要素的色彩——如建筑物色彩、广告招牌色彩、公共设施色彩、交通工具色彩和道路铺装色彩等。历史人文色彩要素是指永安市的历史建筑、文化古迹、民族风情中蕴含的历史色彩要素，这些色彩最能代表永安市城市个性特征。上述各类景观在永安市中彼此交错，紧密相连，构成了永安市极富魅力的个性景观。

8.2.1　永安现状色彩提取

1. 自然环境的调查

永安地貌素有"九山半水半分田"之称，地势东、西、南三面高，中部低，山地、丘陵多，盆谷、平原少，九龙溪横贯东南。典型的丹霞地貌、喀斯特地貌造就了永安许多奇峰异景。

1）自然景观

桃源洞、石林、天宝岩是永安市宝贵的自然资产。桃源洞的一线天、石林的奇峰异石，都成为自然景观的点缀。初夏，景区里树叶的色彩系为中明度、中纯度的色彩。从秋天到冬天，落叶树叶让人们充分欣赏了它随气候变化而发生的色相、明度、纯度的微妙变化。

2）土壤

永安造景岩石以石灰岩和红色砂砾岩为主。从永安当地提取到的土壤标本色彩主要呈现为红色与黄色两大类。褐色和紫红色穿插其间。色相基本处于10R（红色）系、2.5Y（黄色）系范围内。

3）天空和水体

永安西北部属于武夷山脉东南坡，地势由西南向东北逐渐降低，地形多山地、丘陵盆谷。其背有山体景观，

图8.2 永安自
然色彩

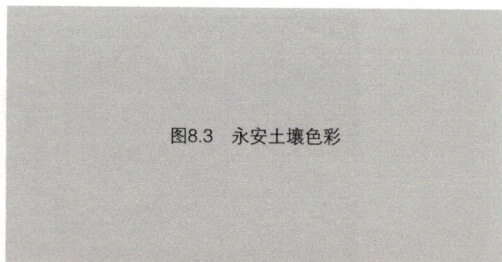

图8.3　永安土壤色彩

图8.4 永安天空和水体色彩

属侵蚀性土地花岗岩，植被茂盛色彩浓郁。永安的水域是典型的灰蓝色，与蓝灰色的天空浑然一体。

2. 人工环境的调查

1）现代人文景观

风光旖旎、诗情画意的巴溪滨水风光带以及随季节变化塑造出不同环境景观的繁茂的花草、树叶等自然植被，不仅给来访者以舒心悦目的自然色彩感受，也给永安市未来高品质的人工景观色彩的形成创造了得天独厚的基础。古语云："吉者福善之事，任者嘉庆之征。"吉山吉水之滨，永安城遗世而独立。城市公园（龟山江滨公园、莲花山公园，蝴蝶山公园、北培公园、南塔公园、烈士公园）的植被与道路两侧的绿化给城市带来温暖感。

2）古建筑

永安遍布着许多历史性建筑，它们经历了城市的历代兴衰，至今依然生机勃勃，傲然屹立，成为永安永恒的经典。景从文生，明清文化、儒家文化、闽粤文化正是永安身份特征三个重要组成部分，在永安保存着许多明清时期的历史古迹，如槐南安贞堡、贡川古城墙、贡川会清桥、登云塔（南塔）、凌霄塔（北塔）、文庙大成殿、"开闽王"王审知的母亲徐氏之墓，都是永安历史和文化的代言。这些予人以独特存在感知和深刻印象的历史性建筑，随时间的流逝越发成为永安景观资源中的无价之宝。

桃源洞：永安拥有以国家级风景名胜区桃源洞—鳞隐石林为代表的一批档次高、规模大的旅游单体资源。

文庙：永安文庙始建于明景泰六年（1455年），是该市目前仍幸存的惟一一个见证了当地各个历史发展过程的古代建筑。

贡川古镇：贡川古镜是福建唯一的城堡式古镇，故

图8.5　永安人文景观色彩

图8.6 永安古建筑色彩

图8.7　永安抗战文化遗址色彩

称"贡堡"，建于明嘉靖四十一年（1562年），其城墙原全长约2000米，高约7米。墙基用鹅卵石、花岗石、丹霞石作基础，上部用青砖包砌，每块砖重约1.5公斤，专门定制烧造，许多砖上印有"贡堡"、"贡川"字样，有的还有烧制工匠的名字。

3）抗战文化遗址

抗日战争的风风雨雨，在这里留下辙痕。在永安，迄今保留众多完好的抗战遗址，每一处都有可歌可泣的抗战故事，涸辙之鲋，相濡以沫。以永安抗战文化活动为主体的东南抗战文化，会让你踏入这块圣地时，心中充满虔诚的敬意和礼赞。在永安迄今保留有众多的抗战遗址，包括设置于防空洞的福建省主席陈仪先生和接任的刘建绪先生的办公室、羊枣烈士旧居、福建省政府各机关旧址、改进出版社所在地等。

4）民俗文化

永安是一座民俗风情五彩缤纷的城市，可谓"百里不同风，十里不同俗"。永安人"家家酿酒，户户飘香"，永安的美食林林总总，洋洋大观。永安人以酒、茶待客，三巡过后，更能品味"心为茶之初雪，茶为人之甘露"的意境。民间戏剧有大、小腔戏，木偶戏、汉剧、三角戏，较有特色的有小陶的朱氏九节龙、二十八宿灯、走马灯、抬阁，其表演形式、服装、道具、唱腔都极为独到。另外，客家文化、畲族文化、宗教文化的影响，又使得永安的民俗游艺争奇斗艳，民俗舞蹈风情迥异，南来的，北往的，携带着不同地域的文化风情在这里汇合。

8.2.2 永安城市色彩问题

在市区经常可以看到一些外立面使用了高纯度色的

图8.8 永安城市噪色

建筑物。虽然使用高纯度色会吸引人的视线，可以给人留下深刻的印象，但使用面积过大容易让人产生视觉疲劳，心理压抑、烦乱。高纯度色的耐脏程度低，污物在高纯度色上会更加明显，同时同纯度色褪色率高，容易产生陈旧印象，这也是破坏街区统一感和连续性的重要原因。

高纯度色的建筑外立面色容易在视觉心理上形成"噪色"印象。"噪色"的使用破坏街区景观秩序性，降低城市品位，增加维护成本，影响市民的心理健康。

老城大榕树区域以中层和小高层建筑为主。主色调以中明度暖灰色系为主，掺杂少许红褐色和明黄色。白灰色系在墙面色彩中占较大比例，中高艳度和中低明度的黄红色系次之。在这一区域有诸多户外广告。

新城区域色彩墙面以中高明度的白色系为主，辅助色为中低彩度的蓝色系。整体街道规整，但整体缺乏永安城市特色，千篇一律。

图8.9 永安城市新城区色彩

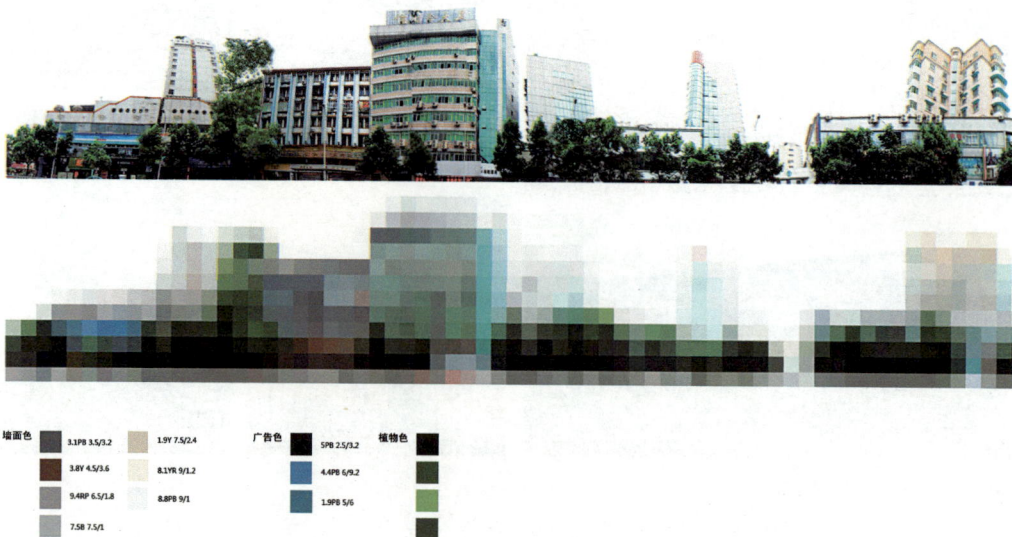

墙面色　3.1PB 3.5/3.2　1.9Y 7.5/2.4　广告色　5PB 2.5/3.2　植物色

3.8Y 4.5/3.6　8.1YR 9/1.2　4.4PB 6/9.2

9.4RP 6.5/1.8　8.8PB 9/1　1.9PB 5/6

7.5B 7.5/1

图8.10　永安城市工业区色彩

工业区内，尼葛工业园采用中高彩度、中高明度冷灰色系为建筑主体色，个别单体建筑为高彩度、高明度的黄、红色系为点缀色，整个区域整洁、明快。可以更多地运用亮彩色作为整个工业区的点缀。

古建筑文化区内，建筑物基调色在暖色系中红色系（R系）、黄色系（Y系）范围内，但色彩明度和纯度的变化幅度相当大；由蓝绿色系（BG系）等冷色系组成强调色的纯度使用较高，与暖色系基调色的建筑形成了鲜明的对比。历史名胜多采用低明度、低纯度的整体用色风格，其周边建筑物用色大都纯度使用得过高，色彩鲜艳夺目，严重损害了历史名胜类建筑的总体印象。

行政区域主要以市政府大楼为核心，色彩以中低明度、中高彩度的黄色系为主，点缀一些中高明度的蓝色窗帘。整体色彩较庄重、严肃。广告色较少，植物与主题建筑色调较为融洽（图8.12），但整体颜色稍沉闷、单调。

	0.6GY 5.5/1
	7.5GY 5/6.4
	8.8Y 3.5/1.8
	1.9YR 4/1

	2.5RP 5.5/1
	2.5YR 5.5/3.2
	10R 3/2.8
	4.4YR 6.5/2

	1.9Y 7.5/2.4
	8.8YR 6/4.8
	7.5YR 3.5/1.8
	10YR 4/2.8

	0.6Y 8/2.4
	10R 2.5/1.8
	3.8Y 5.5/4.4
	2.5Y 3/1.8

图8.11 永安城市古建筑文化区色彩

墙面色

6.9R 8/1

6.3PB 8/3.2

3.8B 7.5/1

3.8Y 8.5/3.6

0.6GY 6/1.2

广告色

7.5R 3.5/6.6

1.9G 5/4

3.1PB 3.5/3.2

植物色

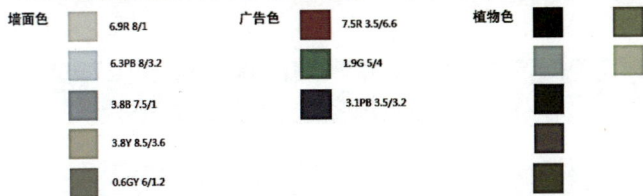

图8.12　永安行政区色彩
（来源：作者自摄）

南城商住区以蓝绿色系为主色调，建筑物玻璃也均在这个色系中，点缀少许的黄红色。

学校区域的建筑多半以中高明度、中高艳度的红黄色系为主色调，色彩比较明快。但周边建筑物过于陈旧，不协调。

商业区的建筑多以中低明度、中低彩度的冷灰色系为主色调，广告色过于杂乱。中高明度、中高彩度的红紫色系、蓝绿色系尤为突出。颜色不融合，显得嘈杂、脏乱，易使人视觉疲劳。

8.2.3　永安现状色彩分析

对于永安的现状色彩主要从城市宏观色彩、建筑色

墙面色		广告色	植物色
3.1Y 4/1	1.3PB 7.5/2	10R 2.5/1.8	
5GY 5/2.8	8.8PB 8.5/1	3.1YR 3/1	
6.9PB 5.5/5.2	6.3PB 8.5/1.6	3.8GY 9/3.2	
1.9PB 6.5/2			

墙面色		广告色	植物色
0.6R 4/4	7.5B 7.5/1	4R 5/10.8	
4.4YR 6.5/2	9.4YR 7.5/1	8.1PB 5/7.2	
9.4RP 6.5/1.8	10P 8.5/1	2.5Y 3/1.8	
8.1BG 6.5/1.2			

墙面色		植物色	广告色
9.4YR 4.5/3.2	9.4YR 9/2.4		3.8YR 6.5/6.8
10YR 6.5/4	4.4GY 8.5/2		2.5B 7.5/3.6
1.3GY 5/2.4	1.3Y 8/2.4		1.9PB 5.5/6.8
1.3GY 6/2.8			

图8.13 永安城市商城商住区色彩

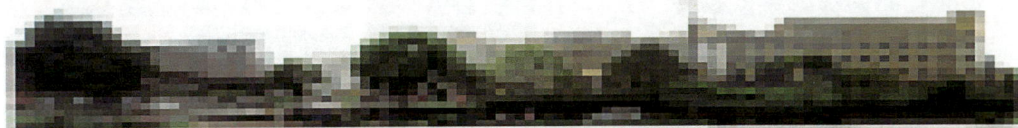

墙面色
1.3P 9/1
8.1Y 8.5/2
8.1GY 8.5/1
9.4Y 9/1.2

广告色
1.3P 3/4
9.4RP 4.5/4.4
10B 6.5/1

植物色

墙面色
7.5PB 9/1
5PB 8/1
8.3P 9/1
3.8B 7.5/1

广告色
3.1PB 8/5.2
6.3P 5/5.2
5R 4.4/14
8.1PB 4.5/7.6
1.9P 5/7.2
10RP 6.5/6.8

8.8G 7/2.4
10G 6.5/6.8
5PB 2.5/3.2
8.1GY 6/4
1.3PB 7/3.6
3.8PB 4/4.8

图8.14 （上）永安城市文教区色彩
图8.15 （下）永安城市古商业区色彩

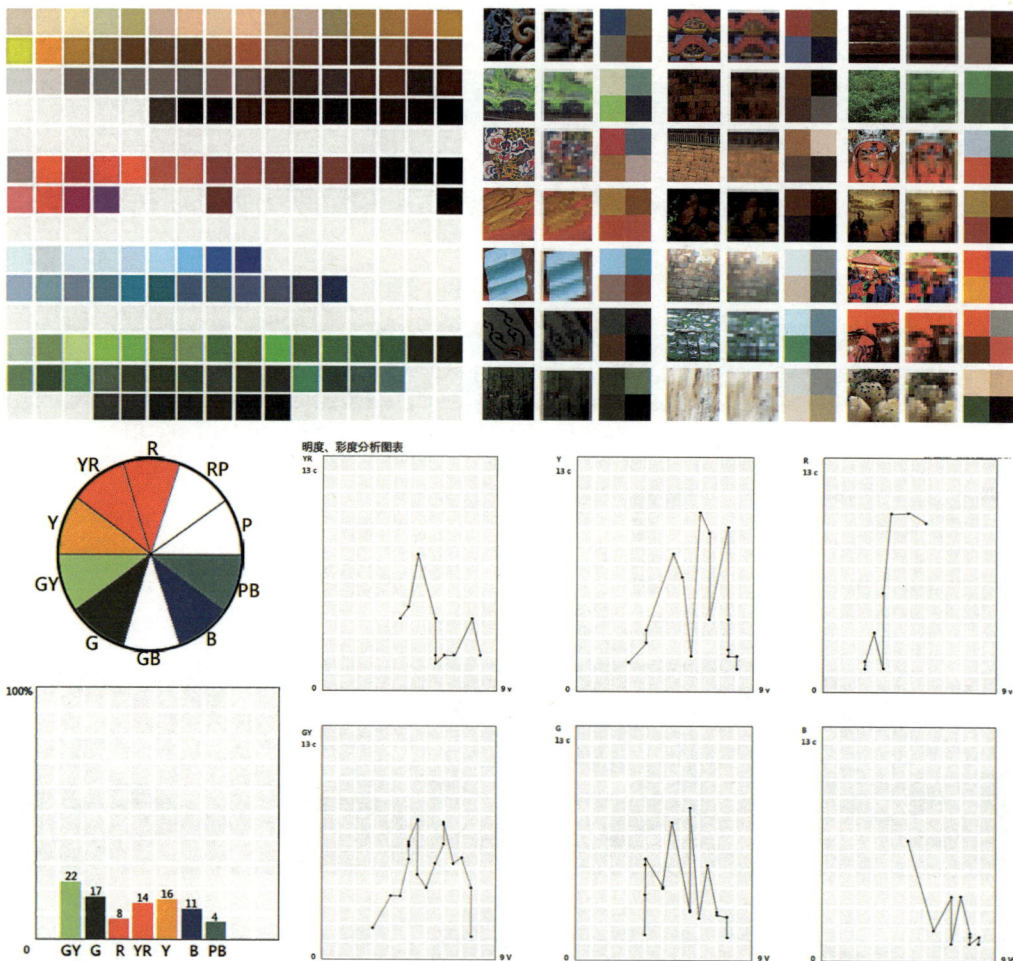

图8.16　历史文化要素的颜色分析图

彩以及非恒定色彩三方面进行调研分析。

1. 城市宏观色彩

自然色彩包括天空、植被、水体的颜色，人文色彩包括民俗文化、服饰色彩、古建筑主要用色。通过色彩采样、提取、分析、整理、排列，得出以下结论：主要以中高明度、中高彩度的黄绿色系、中高明度、中低彩度的黄红色系为主，掺杂少量的蓝紫色系作为辅助色点缀色。城市的自然色彩及人文色彩鲜明、轻快，体现出永安的部分城市色彩。

2. 城区建筑色彩

1）墙面色

墙面色主要以中高明度、中低彩度的黄色系、黄红色系，中高明度、中低彩度的蓝紫色系为主，辅助色为中高明度、中低彩度的黄绿色系为点缀色。整体墙面色调为灰色系列，同时有些色彩倾向。

2）屋顶色

屋顶色主要以中低明度、中高彩度的黄色系、红色系，中低明度、中高彩度的蓝紫色系为主，中低明度、中低彩度的黄红色系、蓝色系为辅。

3）广告色等非恒定色彩

对永安市的各个区域的色彩做了细致的采样，包括9个区域、10条街道的广告色、点缀色。通过色彩采样、提取、分析、整理、排列，得出以下结论：主要以中低明度、中高彩度的蓝紫色系，中高明度、中低彩度的黄绿色系为主，点缀中低明度、中高彩度的红色系，中高明度、中低彩度的红紫色系，蓝紫色系作为辅助色和点缀色。

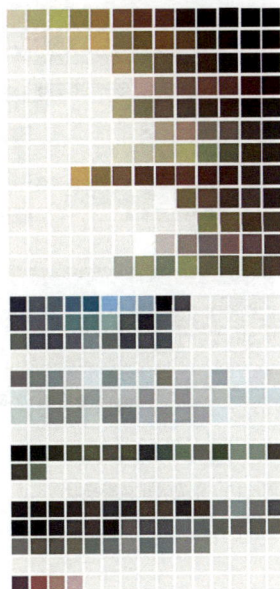

图8.17　城区建筑色彩分析图

8.2.4　永安现状色彩数据库

城市自然色，包括R/YR/Y/GY/RP色系，其中以中高明度、中低彩度的YR，中高明度、中低彩度的Y和中低明度、中低彩度的R色系为主。

城市景观色彩，包含R/YR/RP/Y/GY/G/B/PB/BG/P色系，其中以中高明度、中低彩度的Y、YR色系，中高明度、中低彩度的GY色系和中低明度、中低彩度的PB色系为主要色系。

Y色系（1.9Y-8.1Y）　　　　　　　　　GY色系(0.6GY-2.5GY)　　　　　　　　　PB色系(1.3PB-1.9PB)
　　　　　　　　　　　　　　　　　　　　(6.3GY-8.1GY)　　　　　　　　　　　　(3.1PB-5PB)
　　　　　　　　　　　　　　　　　　　　　　　　　　　　　　　　　　　　　　(6.3PB-8.8PB)

图8.18　永安城市色彩现状

8.3　永安城市形象识别理念定位

本案例通过对永安市历史文脉的梳理，以及重要文化资源的评价得出永安城市主题文化，结合永安的城市特征，以及未来发展趋势，对永安进行城市形象识别理念的定位。

8.3.1　永安城市文化

永安是历史文化名城之一，其历史文化具有三个显著特点。①历史悠久，永安古名浮流，分属沙县、尤溪县境。从景泰三年（1452年）永安始置县开始，永安就成为历史文化名人聚集的地方。民国27年福建省政府行政部门内迁永安，永安一度成为福建省经济、教育、政治发展的核心地带。②人文荟萃，古有陈家"九子十登科"，书院文化甚浓，建有栟榈书院、萃园书院、云龙书院、龙江书院，燕江书院等。③英雄辈出，有"革命摇篮"之称。在八年抗战的烽火岁月里，燕江之畔聚集了一大批著名的共产党员作家、爱国的知识分子和热血青年。永安因其抗战时期的进步活动而蜚声海内外，成为当时继延安、重庆、桂林以外的东南抗战文化名城。

8.3.2 永安城市主题文化评估

人是文化的存在，历史的真正主体是精神，人创造了文化，文化又造就了人。一个城市的文化特征，集中地表现在人的精神品质。永安在福建经济循环中能够争得并占有一席之地，其主要功能是"笋竹文化交流"、"工业产业聚集"和"旅游资源开发"。这里从"永安初始"、"笋竹之乡"、"儒学文化"三个方面梳理永安城市形象的文脉基础，从历史文化、民俗文化资源、文学艺术文化资源、特色文化、历史名人等相关文献中探索永安城市的历史人文背景。

一是儒学文化。儒家文化在福建的发源地就是永安贡川。宋朝时，贡川就有"大儒里"之称。《延平府志》记载"南剑七贤"中贡川就占了"三贤"。著名历史人物唐朝有陈雍，宋朝有张若谷、陈世卿、陈渊等硕儒名臣。他们大都有著作行世，其著作范围广泛涉及经学、哲学、史学、文学以及政治、经济、伦理、教育、文化诸方面。他们的事功气节，亦大多堪为后世楷模。

二是明清文化。永安是福建的历史名城，并于1988年成立博物馆，址设文庙，展出文物283件。在永安保存着众多明清时期的历史古迹，如槐南安贞堡、贡川会清桥、贡川古城墙、凌霄塔（北塔）、登云塔（南塔）、文庙大成殿等。

三是大腔傀儡戏、安贞旌鼓、贡席制作工艺。这些工艺是永安民间艺术瑰宝。永安拥有龙、狮、舞、灯、鼓、戏等一批富有地域特色和浓郁乡土气息的民俗文化及民间技艺。2008年12月永安青水畲族乡、小陶镇被文化部命名为"中国民间文化艺术之乡"。"大腔戏"入选国家首批非物质文化遗产名录。"大腔傀儡戏"、"贡席制作工艺"、"安贞旌鼓"入选省级非物质文化保护名录。

在对永安城市的自然地理背景、历史文化传统及发展现状进行深入详实地调查，结合城市形象的主题文化评价指标体系，明确永安城市形象的优劣势后，初步将永安城市形象定位为以"笋竹文化交流"为先导，以厦门和福州为支点，以工业、旅游、汽车为支柱，以抗战文化资源为

永安历史文脉　　　　　　　　　　　　　　　　　　表8.1

名称	代表	特点	备注
吉山村	宝应寺、翠园、文化之乡、春谷山庄、客家土楼	福建省首批历史文化名乡，以历史文化、抗战文化驰名八闽。清康乾时期，建有翠园、淇园、图南山馆等九座书院。抗战时期，抗日战争时期省政府内迁，遂为福建行政、文教中心。山明水秀，小桥流水人家是吉山的乡村名片	位于永安城西南方向两公里多的文川河东岸
贡川镇	明代城墙、会清桥、笋帮公栈、陈氏大宗祠、贡席	贡川历史悠久，是宋末大儒陈了斋、陈默堂故里，故称"大儒里"。拥有省级文物保护单位明代城墙、会清桥、笋帮公栈、陈氏大宗祠，"延平枕贡川席"，如今贡川还流传着传统的打草席手艺	建镇时间早，曾有"先有贡川后有永安"之说。
	笋竹节	漫山遍野的竹林、历史悠久的制笋业。"笋帮公栈"据说是我国最早的笋业同业公会旧址	
安贞堡	清代古民居	清代建筑，是福建省罕见的大型土堡，国家重点文物保护单位，被我国古建筑专家学者誉为"闽中建筑奇葩"	位于槐南乡洋头村
永宁桥古戏台		清雍正二年建，该桥两端一处为"灵元宫"，祀奉赵公元帅神位，另一处为戏台。集桥梁与戏台为一体的罕见古建筑	
文庙	内设抗战进步文化陈列馆、儒家文化陈列馆	福建省级文物保护单位，始建于明朝景泰年间。内设抗战进步文化陈列馆、儒家文化陈列馆等	
大腔戏	青水畲族乡的古老戏曲	明代中期诞生于永安市青水畲族乡的古老戏曲，属江西弋阳腔的一个流变。"大锣大鼓唱大戏、大嗓子唱高腔"，故称作"大腔戏"。2005年大腔戏被福建省公布为第一批省级非物质文化遗产代表作名录，2006年列入第一批国家级非物质文化遗产名录	
打黑猩	永安青水畲族乡的一项独特民间武术舞蹈表演	打黑猩又称"傩面舞"，是永安青水畲族乡的一项独特民间武术舞蹈表演。打黑猩的原意是镇邪驱傩，现已成为节庆期间的一种民间表演活动	

依托，创建海峡西岸的旅游度假胜地，成为名副其实的桃源仙境，打造一个具有文化气息的诗意永安、一个具有闽南文化气息的世外桃源。该定位结合了时代的发展和社会的进步，以促进永安城市不断丰富和发展。

通过对永安城市自然信息、历史文化传统的整理分析，得出永安市的特质性资源。

永安市重要文化资源

表8.2

	自然地理	特色物产	民间艺术	文化名人	风景名胜	道德风尚	文物古迹	交通区位	民族风情
省级	岩溶温泉	永安小吃、笋竹宴	安贞旌鼓、打黑猩	陈雍、邓茂七贤		宽容、诚信、勤俭	临水宫、萃园、文庙、会清桥	闽西枢纽	畲族风情
国家级	地质博物馆	笋、竹、素心兰、林业要素市场	《琴谱大全》	杨表正、李宝焌、陈瑾、邓肃、羊枣	桃花洞、天宝岩、天斗山、麟隐石林	自由爱国	大儒里、安贞堡、复兴堡、吉山谷村、笋帮公栈、陈氏宗祠		
垄断性		笋	大腔戏	陈瑾	桃花洞	自由	大儒里、复兴堡		
文化性	笋竹文化、抗战文化、古琴文化、儒家文化、闽南文化、桃源文化								

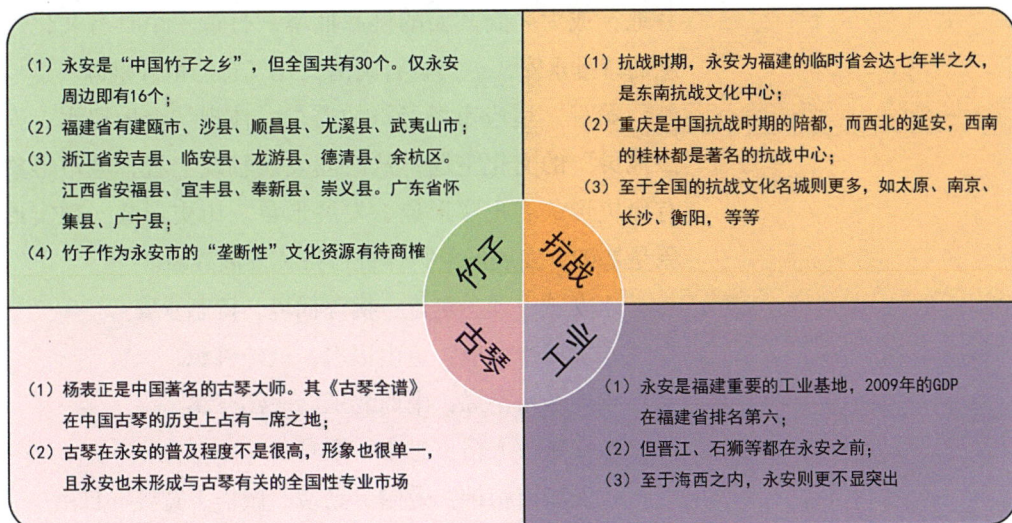

（1）永安是"中国竹子之乡"，但全国共有30个。仅永安周边即有16个；
（2）福建省有建瓯市、沙县、顺昌县、尤溪县、武夷山市；
（3）浙江省安吉县、临安县、龙游县、德清县、余杭区。江西省安福县、宜丰县、奉新县、崇义县。广东省怀集县、广宁县；
（4）竹子作为永安市的"垄断性"文化资源有待商榷

（1）抗战时期，永安为福建的临时省会达七年半之久，是东南抗战文化中心；
（2）重庆是中国抗战时期的陪都，而西北的延安，西南的桂林都是著名的抗战中心；
（3）至于全国的抗战文化名城则更多，如太原、南京、长沙、衡阳，等等

（1）杨表正是中国著名的古琴大师。其《古琴全谱》在中国古琴的历史上占有一席之地；
（2）古琴在永安的普及程度不是很高，形象也很单一，且永安也未形成与古琴有关的全国性专业市场

（1）永安是福建重要的工业基地，2009年的GDP在福建省排名第六；
（2）但晋江、石狮等都在永安之前；
（3）至于海西之内，永安则更不显突出

图8.19　永安市重点文化资源

8.3.3 永安城市精神理念

在城市主题文化的基础上，推导永安城市的精神理念。根据对永安城市文化的剖析，永安的个性与灵魂就是明清文化、儒家文化、笋竹文化、抗战文化、闽粤文化在新的历史条件下"东西荟萃、古今交融"的新内涵。永安城市形象识别理念定位原则：

第一，符合城市主体意识。永安城市形象的理念选择从"诗意"出发，体现永安城市亲切、亲近、适宜的人居环境，让永安城市得到本市市民认可的同时，引起公众的注意。"桃源"是人们对自由的一种向往，人们在结束一天的工作后，唯有投入审美的生活，才能缓解劳顿，如此周而复始，才有诗意的人生。"桃源仙境"蕴含着人们对真、善、美的追求和"成为人自我"的内心诉求。

第二，体现永安地域特色。以"笋竹文化交流"为先导，以厦门和福州为支点，以工业、旅游、汽车为支柱，以抗战文化资源为依托，创建海峡西岸的旅游度假胜地，成为名副其实的桃源仙境，打造一个具有文化气息的诗意永安，一个具有闽南文化气息的世外桃源。

第三，适应市场经济的需求，体现"金山银水，人杰地灵"的文化主题；从时间发展轴线上看，城市形象有历史形象、现实形象、发展形象。历史形象、现实形象是基础，发展形象则体现可持续发展战略。

永安城市理念定位：桃源仙境，诗意永安

永安城市环境：金山银水，世外桃源

永安城市格局：南商北工，一江三溪

永安城市人格：忠肃，刚直

永安城市精神：爱国、勤俭、诚信、宽容、自由

永安城市自然观：天人合一

永安城市伦理观：有容乃大

8.4　永安城市色彩意象

根据永安的城市理念，结合永安自然景观，归纳永安的城市色彩意象。其色彩意象的核心在于表现桃源般诗意的生活特征。永安的城市色彩意象有助于对后期城市概念色谱的确立予以指引。

8.4.1　永安城市色彩意象内涵

"桃源仙境，诗意永安"，在此次总体规划中，针对永安市城市形象规划制定了明确的指导方针，方针中提出要构筑九区一节点的城市景观与自然景观相互辉映的城市空间。依托优越的自然山水和深厚的文化底蕴，努力做到"以山为脊，以水为源，以绿为际，以文为魂"。彰显城市个性，精心打造一座"山水相映、城在绿中，水在园中"山水生态园林城市，塑造"桃源行一里，好比沐法雨；仙境游一天，胜似做神仙"的意象。

8.4.2　永安城市色彩意象

《桃花源记》载："土地平旷，屋舍俨然，有良田美池桑竹之属。阡陌交通，鸡犬相闻"。桃花源人安居乐业、和平幸福："黄发垂髫，并怡然自乐"。桃花源人热情好客、民风淳朴："便要还家，设酒杀鸡作食。村中闻有此人，咸来问讯。余人各复延至其家，皆出酒食。"

提取桃花源的概念元素，以指导永安"桃源仙境，诗意永安"的城市色彩意象的进一步具体化。

图8.20 归去来兮辞
（来源：http://www.nipic.com）

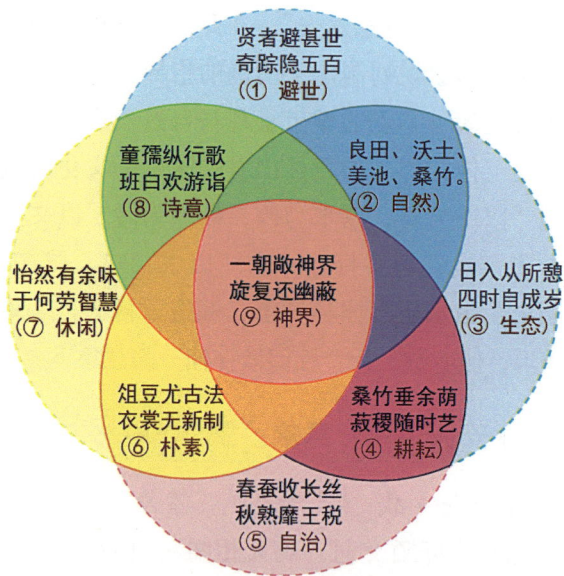

图8.21 《桃花源》概念元素
（来源：本研究整理）

8.5 永安城市色彩形象识别设计实施

通过对永安城市色彩概念色谱的确立，城市色彩形象识别设计得以实际实施。管控实施过程中，对于永安市城市色彩形象设计的管控原则是，城市色彩与环境互

相融合，表现桃源仙境般的城市色彩画面感，透露出浑厚、朴实、宁静的文化底蕴。

8.5.1　永安城市概念色谱确立

1. 永安市景观现况色彩总汇

从永安城市色彩的宏观、中观、微观调研中提取色彩，归纳整理成为现况色谱，它是永安市城市色彩的色谱化呈现，基本反映了永安城市整体色彩感觉和面貌。从汇总色谱中可以看出，永安以石白构成的城市色彩主旋律明晰可见。在现代都市化进程中，一些中高明度、中低彩度的黄红色系、蓝绿色系和一些中低明度、中低彩度的蓝黑色系已经出现，它们基本能与原有的丰富的黄白体系和谐相容，且所占比例不大。

此外，还有很多外来的、过度使用的色彩夹杂其中，将其筛选出来，并有计划地限制其使用，才能保持永安城市独特的色彩韵味。

2. 永安城市景观主导色彩谱系

根据色彩与城市景观之间的和谐程度，本着"传承地域特有文化"、"表达地域个性特征"、"展示现代城市形象"

图8.22 永安市景观现况色彩总汇

和"规划城市未来发展方向"四个主题和"桃源仙境，诗意永安"主旨，对现况色彩进行筛选和梳理。剔除现况色彩中的"问题色彩"，保留相对合理的色彩，置入永安典型的城市景观中，保证其能与景观环境完好融合。

将调研所得的适合永安地域的色彩按照色彩学原理进行梳理，得到15个家族谱系。每个家族谱系由相近的

图8.23 永安城市景观主导色彩谱系
（来源：本研究整理）

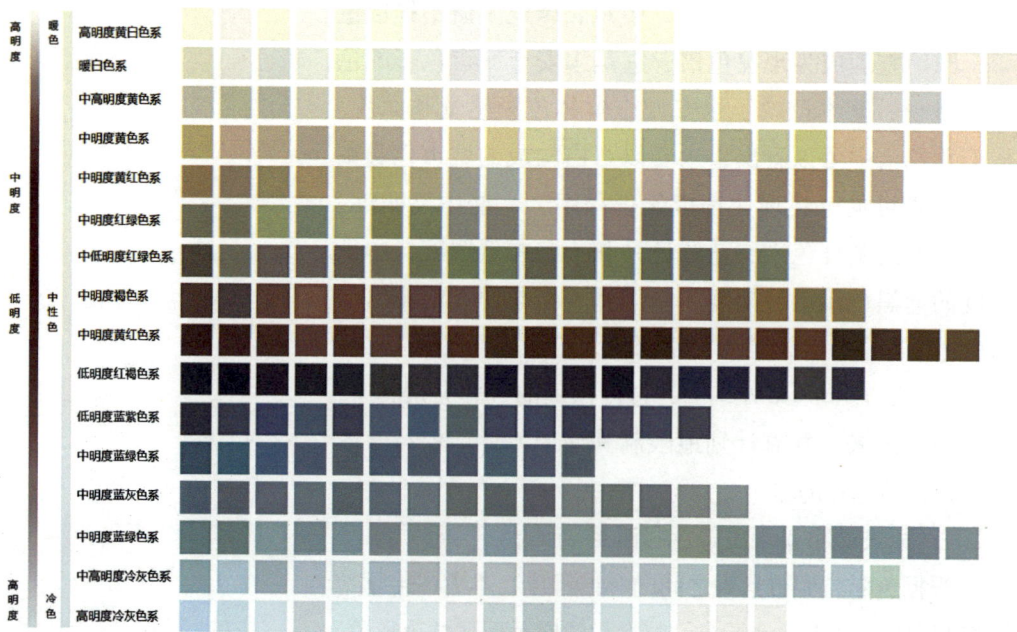

高明度　暖色　高明度黄白色系
　　　　　　　暖白色系
　　　　　　　中高明度黄色系
　　　　　　　中明度黄色系
中明度　　　　中明度黄红色系
　　　　　　　中明度红绿色系
　　　　　　　中低明度红绿色系
低明度　中性色　中明度褐色系
　　　　　　　中明度黄红色系
　　　　　　　低明度红褐色系
　　　　　　　低明度蓝紫色系
　　　　　　　中明度蓝绿色系
　　　　　　　中明度蓝灰色系
　　　　　　　中明度蓝绿色系
高明度　冷色　中高明度冷灰色系
　　　　　　　高明度冷灰色系

明度、彩度或色相构成，以其内在的秩序构成色调的和谐感。永安城市景观主导色彩是城市色彩总谱系统产生的基础。

3. 永安城市色彩概念总谱

城市色彩概念总谱是根据城市色彩意象，结合现状色谱及永安景观主导色彩而来。参考古人关于"桃源"的意象和永安现有的城市色彩来规划永安的色彩，以城市积淀遗留的自然地理及人文地理颜色作为依据，将城市景观中人工的颜色与作为"桃源"的依据——永安的历史文脉、文化古建与自然景观作对比，剔除现少量的极其不协调的色彩，作为城市的禁用色，其余的出现的高频颜色作为辅助色及点缀色，包括自然色中的R/YR/Y/GY色系，其中以中高明度、中低彩度的YR色系，中高明度、中低彩度的Y色系，中低明度、中低彩度的R色系为主。R/YR/RP/Y/GY/G/B/PB/BG/P色系，其中以中高明度、中低彩度的Y、YR色系，中高明度、中低彩度的GY色系

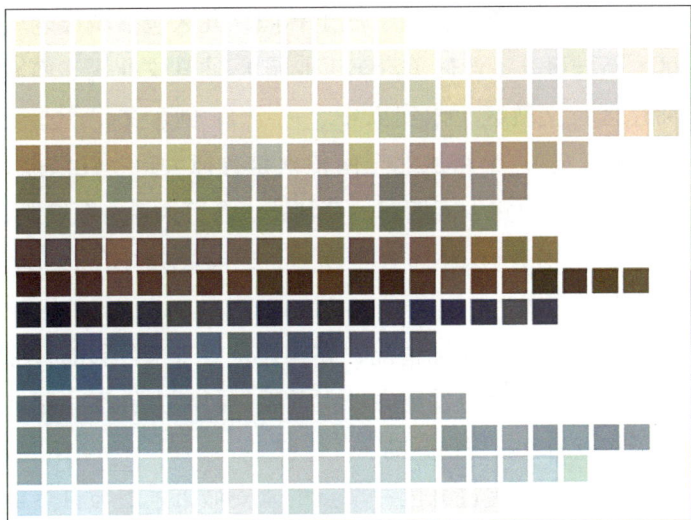

图8.24 永安城市色彩概念色谱

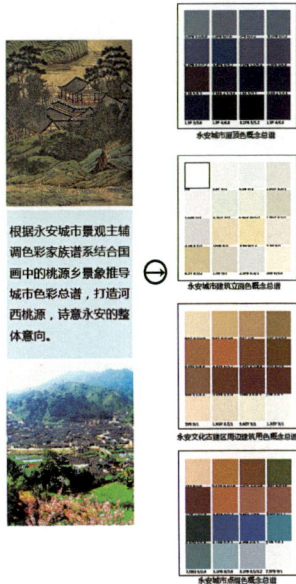

根据永安城市景观主辅调色彩家族谱系结合国画中的桃源乡景象推导城市色彩总谱，打造河西桃源，诗意永安的整体意向。

和中低明度、中低彩度的PB色系为主要。色彩范围是Y色系（1.9Y–8.1Y）、GY色系（0.6GY–2.5GY）、（6.3GY–8.1GY），B色系（1.3B–1.9B）、（3.1B–5B）、（6.3B–8.8B）。

作为城市形象识别色彩，需体现永安独特的地域文化，用色彩的艺术性感染城市主体心灵，以得到其认同，便于使用和记忆。永安城市色彩总谱基于调研所得的现况色彩，按照色度关系，根据"桃源"色彩意象，从较大基数的色彩谱系推导出色彩主旋律。

8.5.2　永安城市各功能区色彩

1. 永安市各功能区色彩方针

本次永安市城市色彩规划调查工作依据《永安市城市总体规划（2003～2020年）》的相关内容，将调查区域划分为景观保护区域与功能区域的两大类别。景观区域包括历史文化区域、人文景观区域、九区十路及两个重要节点。

历史文化区域包括贡川古镇、文庙、桃源洞。人文景观区域包括龟山公园、烈士林园，九区包括城市老城区、新城区、工业区（汽车工业园）、古建文化区、南城商住区、文教区（永安六中、一中）、创意文化产业区（文龙新城），十路从北至南依次是香樟大道、江滨路、解放路、中山路、五四路、燕江路、含笑大道、东坡路、新安路、307省道。两个重要节点：巴溪滨水风光带区域、新火车站广场。

结合永安市实际情况，在构建良好未来色彩的目标方面，制定了思想发展方针，并根据每项方针逐一制定出了相应的色彩规划原则。

方针一，促进九区一节点的永安城市景观与自然景观的色彩和谐共融。

永安市拥有令人艳羡的自然景观资源。桃源洞、石林、天宝岩、安贞堡、巴溪是永安市极负盛名的代表性景观。季改景犹在，这些自然景观时刻保持着美丽迷人的景象。为了充分珍惜、运用这些天然优势资源，构建整体和谐的城市景观印象，永安市城市景观的规划建设需要与这些自然景观取得和谐共融。

1）色彩限定原则：尊重永安建筑物的惯用颜色；建筑物基调色以暖色系色相为基础。

2）以暖色系色相为建筑惯用色：永安市内的历史建筑或仿古建筑大多是由木材、石材、砖瓦等自然材质建造而成，这些建材的色相基本属暖色系。源自当地自然环境，这些建材从一开始就表现出了与城市自然景观极为贴切的视觉印象效果，并且随着岁月流逝和时代积淀愈发彰显出浑然天成的魅力，堪称永安城市景观的天然色彩烙印。同理，永安市内的现代建筑也应尽量以暖色系色彩作为基调色，方能有利于营造切合城市四季常青、活力洋溢的自然景观特征的城市景观。

方针二，构建统一协调的永安横向景观秩序。

城市横向景观主要由各条街区构成，街区由单体建筑组成，但一栋单体建筑色彩的成功运用，对整条街区而言并不会产生太大作用。

方针三，构建起伏适宜的永安竖向景观秩序。

1）明度控制原则：以让基调色融入周边环境为控制前提，统一区域周边建筑物基调色明度。

2）彩度限定原则：严格限制大面积使用高纯度色；高纯度色以建筑物低层部位为中心展开运用。

3）控制建筑基调色与自然背景色间的明度协调：从巴溪沿岸眺望以山为背景的城市景观时，映入眼帘的主要是山体葱郁的绿色，该绿色属中明度。因此该类地区建筑物的基调色明度也应以中明度为主，这样方能营造出对比柔和协调的景观。

4）严禁使用妨碍和谐景观构成的高纯度色：永安市内部分建筑外立面色彩纯度过高，极易造成人们对景观视觉印象的失衡，从而破坏景观和谐秩序。同时这些艳丽的城市"噪色"比交通信号灯和指示性的公共标识更易引人注意，容易引发安全隐患，因此建筑外立面应严格控制色彩纯度，特别是严格限制大面积使用高纯度色。

5）统一街区或景观周边建筑物基调色明度：相比色相和彩度的变化，人们对明度的变化更加敏感。特别是对特定街区或景观区域的色彩印象塑造上，明度具有非常重要的影响。因此唯有协调统一好特定街区或景观区域内建筑物间的明度关系，才能建立起和谐统一的街区连续性景观。

6）建筑低层部位适度使用高纯度色以营造繁荣景象：统一和谐的街区景观中，需加入活跃因素来创造景观的繁华变化。在建筑低层部位，适度运用高纯度色，能有效达到此效果。对于休闲娱乐文化发达的永安而言，这种色彩运用手法必不可少。

方针四，构建层次分明的纵向景深秩序。

按人们观察视点的变化和转移，城市景观可以分为远景、中景、近景。要构建全方位的城市良好色彩景观，必须将三大景深视距下的色彩景观导入色彩规划设计中，从而实行针对性规划控制。

1）视距导入原则：营造与自然景观协调的远景色彩；体现街区景观连续性的中景色彩；创建适合行人观赏视线转变的近景颜色。

2）远景色彩应与自然景观色彩协调：远景是指从山顶、楼顶等高处或江畔等开阔处眺望到的景观。在远景色彩印象中，色彩的明度和纯度对整体景观影响重大。为与自然景观相协调，需控制景观色彩总体明度和纯度，使之与自然景观色彩明度和纯度接近。

3）中景应注重展现街区景观的连续性：对中景深度的景观色彩而言，人们视觉观察的主体是街区建筑组群，因此适度运用建筑基调色和辅助色，保证景观连续性和统一感，营造协调悦目的街区印象十分重要。

4）近景应注重配合行人视线转移变化作灵活调整：建筑强调色能丰富建筑外观、彰显建筑个性，在近景景观色彩设计中尤为重要。除要适合单体建筑外，建筑强调色还应注重配合行人视线的转移变化作相应调整，使街区景观更富立体感和良好视觉心理效果。此外在广告招牌等的色彩运用中也应注重此类问题。

2. 永安市各区域色谱

1）古建文化区

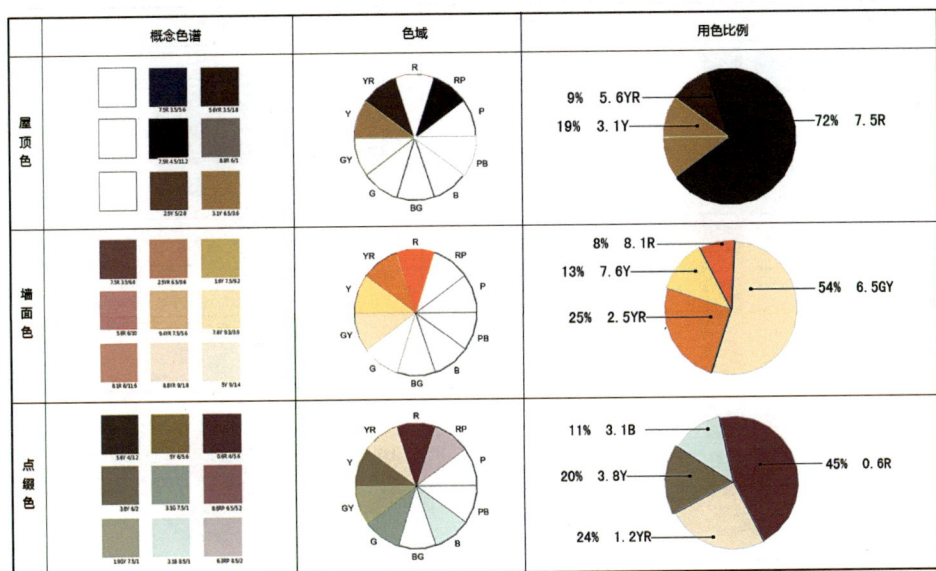

图8.25 永安市古建文化区色谱

2）老城区

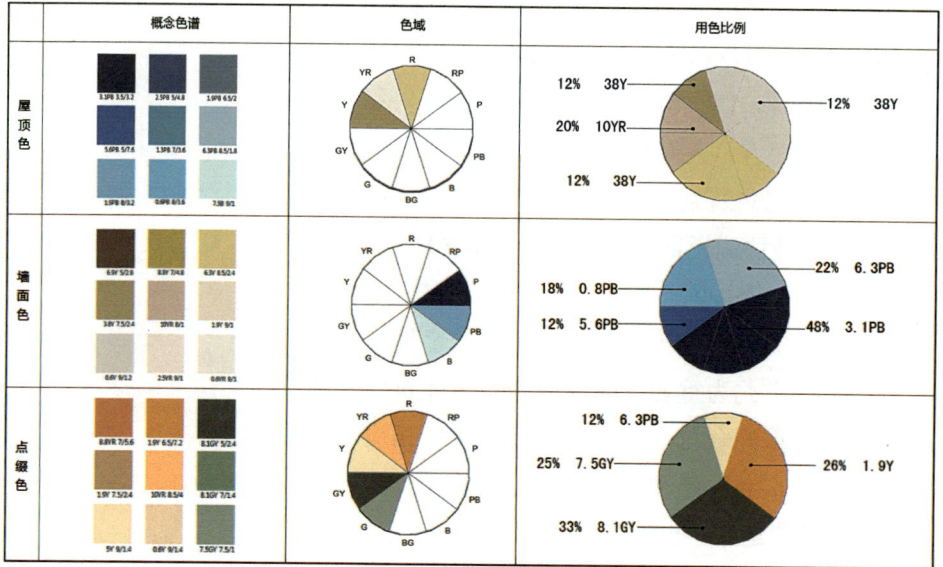

图8.26　永安市老城区色谱

3）南城商住区

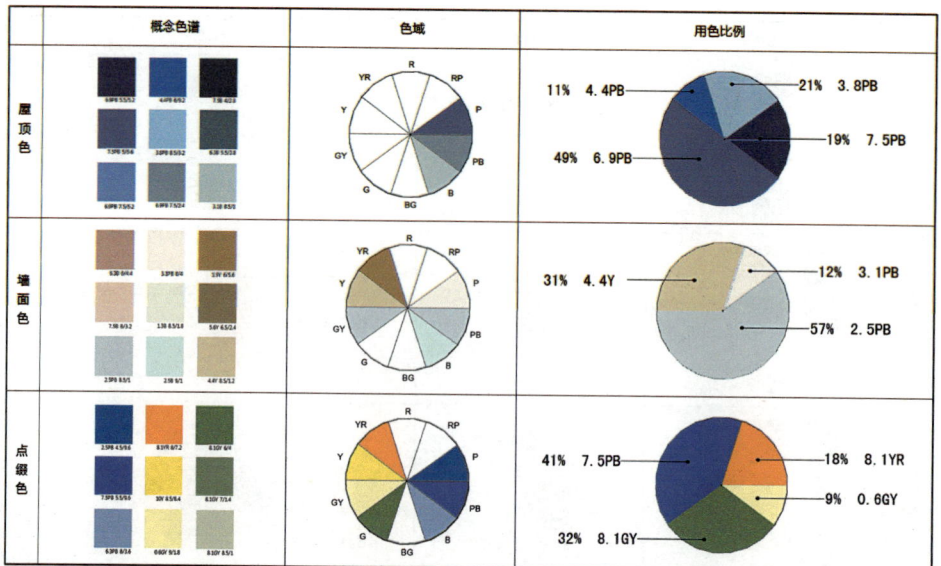

图8.27　永安市南城商住区色谱

4）新城区

	概念色谱	色域	用色比例
屋顶色	5.6PB 2.5/5.4　6.3PB 4/5.4　3.8PB 3/5.6 6.3PB 4.5/6.6　2.5PB 4.5/6.4　10B 6/7.2 7.5PB 5.5/6.6　8.8B 5.5/5.6　5.6B 5.5/7.4		5.5%　5.6B 6.5%　9.4PB 7%　8.1PB 81%　7.5PB
墙面色	5B 6/7.6　8P 5/9.4　7.5B 7/6.4 2.5B 7.5/3.8　0.6P 6/4.4　5.6PB 8/4 5PB 8.5/2.4　0.6P 8/3.6　3.8P 8.5/3.8		6%　3.8P 14%　10P 15%　0.6RP 65%　9.4RP
点缀色	5.6R 6.5/8.8　2.9YR 3.5/3.2　7.5BG 7.5/3.6 0.6YR 6.5/5.2　1.9Y 7.5/2.4　7.5G 6.5/5.2 5YR 8/1　9.4YR 8/1.2　3.8I 8/1		8%　5YR　5%　5Y 4%　5.6R 23%　9.4YR 60%　3.1B

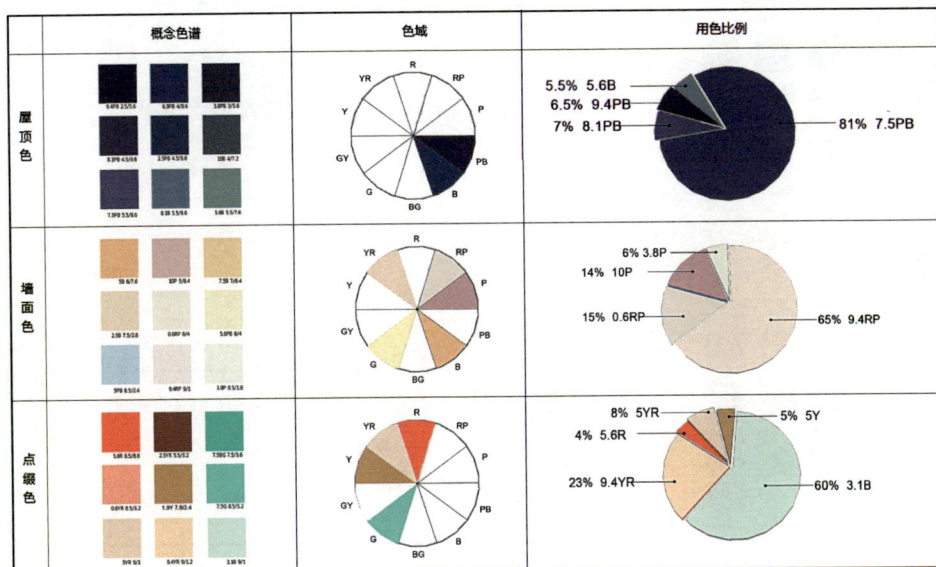

图8.28　永安市新城区色谱

5）行政区

	概念色谱	色域	用色比例
屋顶色	7.5G 4.5/1　3.8R 4.5/1.4　10P 4.5/1 2.5PB 7/1　6.3R 6.5/2　3.8P 7/1 8.8G 8.5/1　4.4R 8.5/1		3%　6.3R　1%　8.88G 9%　10P 14%　4.4R 73%　3.8RP
墙面色	8.8R 5.5/1.8　1.3Y 8/2.4　10Y 8/1 6.3R 7.5/1　1.3Y 8/1.8　7.5Y 8.5/1 6.9G 8.5/1　3.8Y 9/1　3.8Y 9/1		5%　1.3Y 9%　6.9YR 10%　3.1Y 11%　6.9YR 65%　3.8Y
点缀色	6.9PB 7.5/2.4　1.3GY 7/4.4　6.3GY 5/6 5PB 6/9　1.9GY 6.5/1.8　6.3Y 7/2.6 8.8PB 8.5/1　6.3GY 6.5/1　4.4GY 6.5/2		5%　8.1Y 9%　5PB 10%　8.1GY　65%　4.4GY 11%　8.8PB

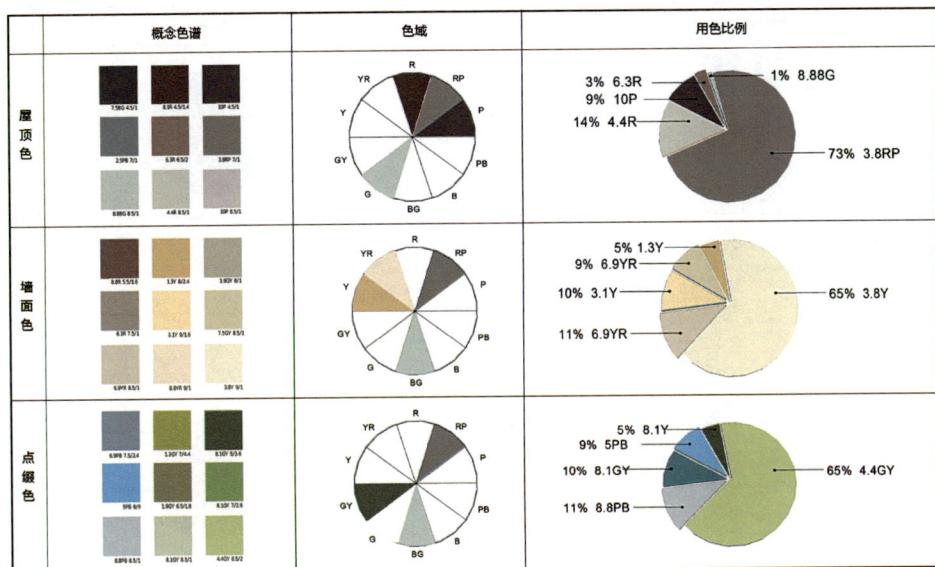

图8.29　永安市行政区色谱

6）文教区

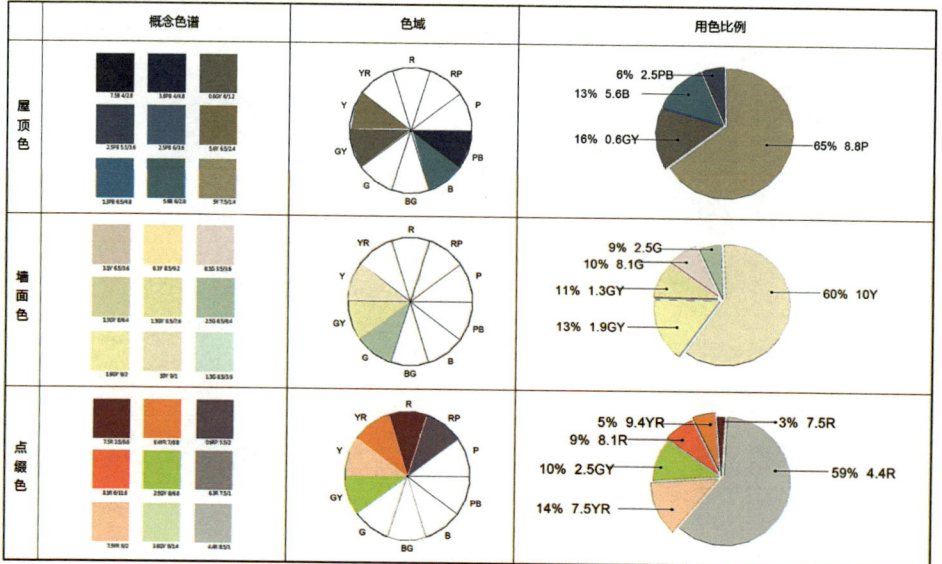

图8.30　永安市文教区色谱

7）工业区

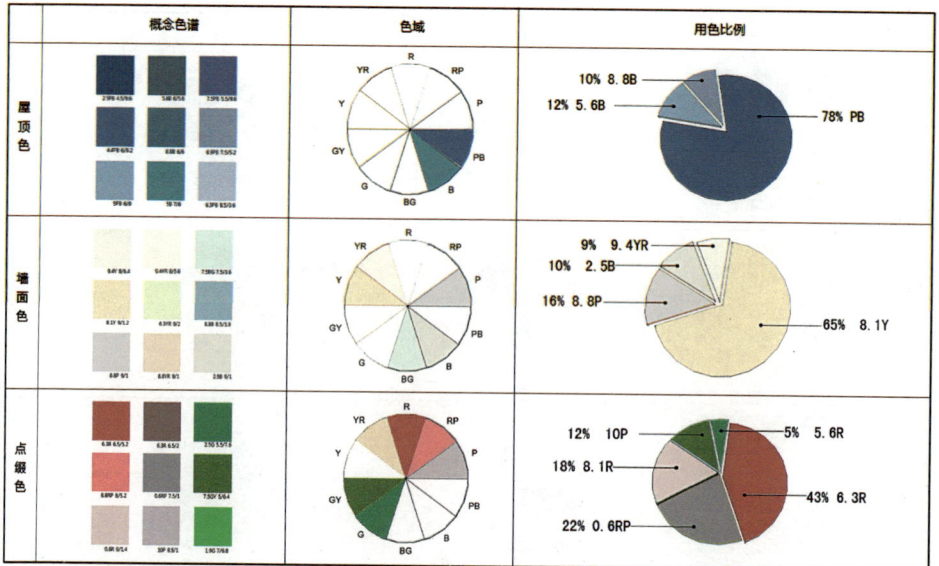

图8.31　永安市工业区色谱

8）商业区

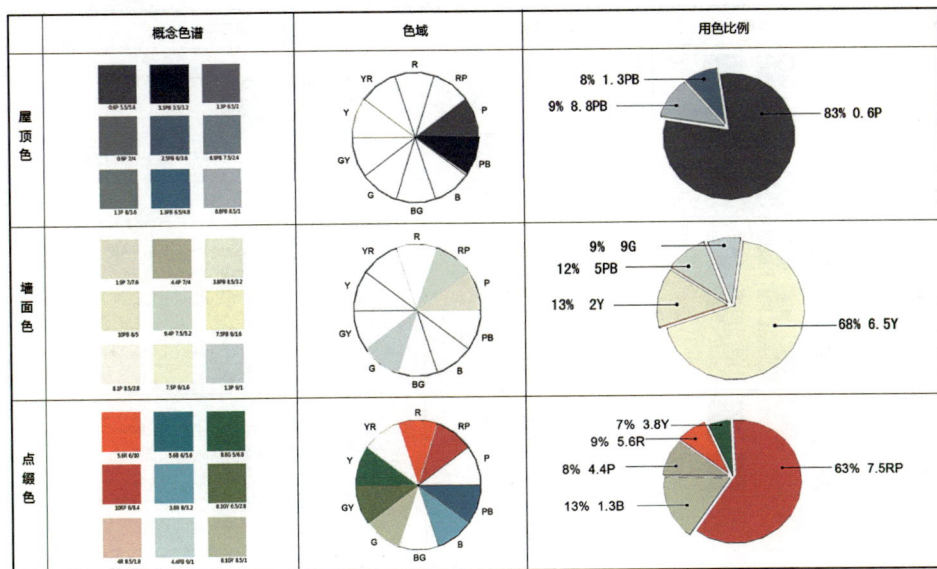

图8.32　永安市商业区色谱

9）巴溪滨江风光带

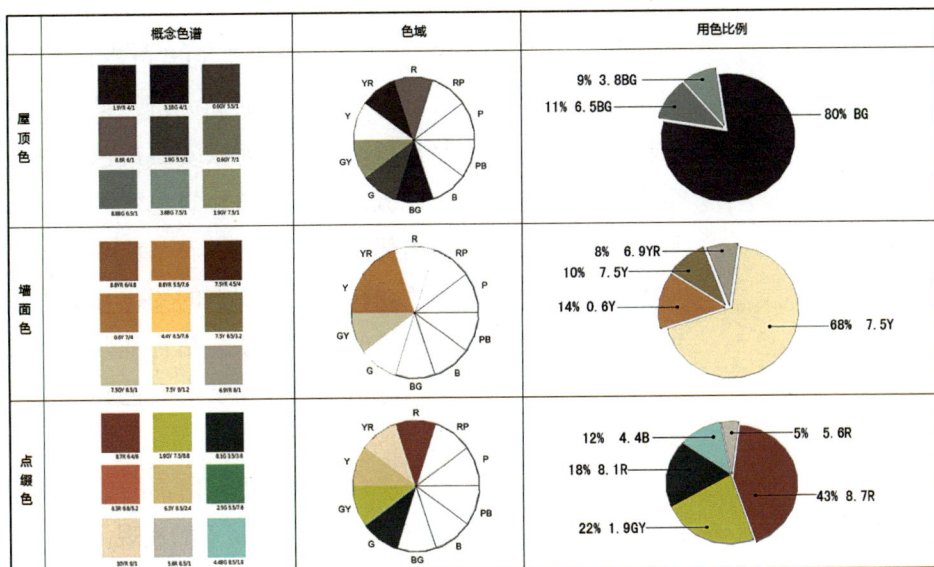

图8.33　永安市巴溪滨江风光带色谱

10）新火车站广场

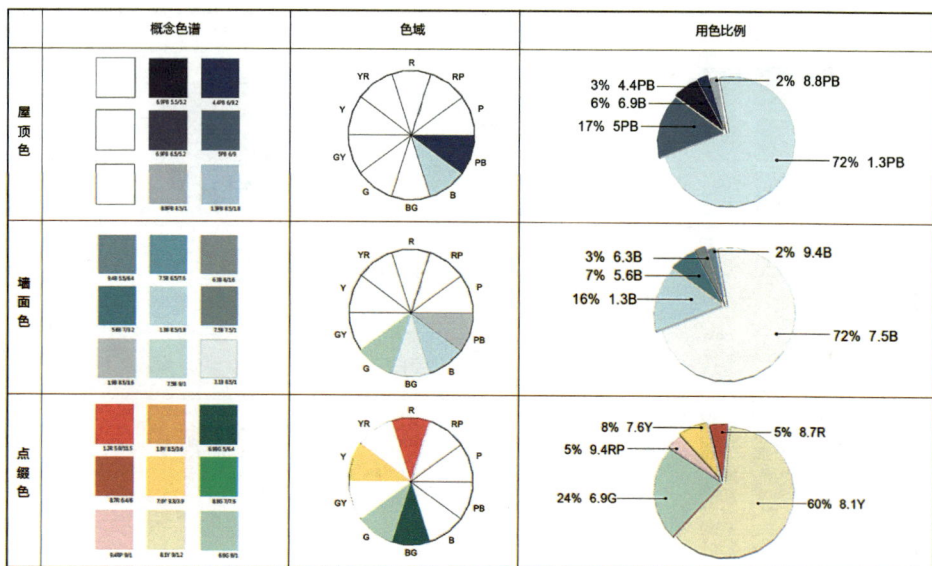

图8.34 永安市新火车站广场色谱

8.5.3 永安城市色彩导则

在实际实施中运用"色彩地理学"和"色彩心理学"对永安各区和各街道进行深入的调研和分析。采取实物取样、色卡对比、照片拍摄等手段对永安城市色彩进行全方位的调研和分析，梳理永安城市建筑色彩演变的大致过程及每次转变的内部因素，找到永安基色调和辅助色调在彩度、明度和色相在使用面积上的变化与永安城市色彩整体色调格局形成的内在联系。结合基调色米白色和辅助色基本变化趋势示意图，揭示永安色彩基本的变化趋势及演变脉络。

第一，关于米白色主色调和辅色调内部的色相结构的梳理，及其变化的定位及在不同体量上的表现。

第二，辅助色系的使用面积随层数增加而缩小，米白色系使用面积随着层数的增加而增加。

第三，辅助色系的彩度随着层数的增加而降低，明度则相应提高。

1. 街区色彩多样性的体现方式

考虑到商业区对色彩刺激、标志性的需求，居住区域，居民需要有传统意蕴的轻松、悦目的居住环境，辅助色出现比例稍低，且应以单块较小面积出现的方式完成。据此进行了针对功能和高度的色彩设计：商业功能街区，10米以下辅助色建议占整体比例在30%～50%，10米以上比例在0%～30%，可出现局部面积中高度彩度墙面；居住功能街区，10米以下高彩度（居住区墙面基调色范围内）占整体比例在20%～40%，10米以上中高彩度色占0%～20%，中高彩度色以和主要色调混杂的肌理方式体现，尽量避免出现大面积高纯度色墙面。

建筑类型与色彩比例控制 表8.3

功能	高度	建议辅助色比例	建议单块辅助色面积
商业	10米以下	30%～50%	可出现大面积辅助色
	10米以上	0%～30%	可出现局部面积辅助色
居住	10米以下	20%～40%	单块辅助色面积不宜过大
	10米以上	0%～20%	单块辅助色面积不宜过大
行政	20米以下	20%～40%	可出现大面积辅助色
	20米以上	0%～20%	可出现大面积辅助色
教育	5米以下	0%～40%	可出现局部面积辅助色
	5米以上	0%～20%	可出现局部面积辅助色
工业		0%～20%	可出现大面积辅助色

2. 建筑色彩多样性的体现方式

在特定街区的点缀色以及所占比例确定后，街区色彩的统一性能够得到基本保障。然而建筑色彩的多样性和色彩的韵律感如何体现？在米黄色低彩度的柔和色确定为新区的主控色彩后，辅助色和点缀色的选择就受到了一定的控制，但基于"协调"和"对比"两种目标，彩度、色相和明度三种手段，就使色彩的层次感也出现了较多的可能性。

1）辅助色占极少面积的情况（5%以下）

辅助色面积较小，基调色面积较弱。辅助色调的选择自由度较大，但应在彩度和明度上突出米白色，如用大面积黑色、浅灰、白色进行明度对比，或使用低明度的红色和紫色进行色相与彩度的对比。

2）基调色占较少面积的情况（5%～20%）

基色调与辅助色调的关系非常重要，辅助色调占据较大面积。在此情况下，辅助色调的选择应强调与米白色的关系，如果辅助色调主导，则米白色宜打散，与辅助色调混合；如米白色主导，则辅助色调应采取降低彩度的方式，或增加与米白色的明度对比以突出米白色的作用。

3）基调色米白色占据中等面积的情况（20%～50%）

米白色和辅助色调的面积相近，则有强对比和突出某一色调倾向的方法。在强对比的情况下，可采取与低明度的红色、蓝色、紫色等在色相环与米白色相邻的色调，完成强对比和谐的关系；在突出某一色调的情况下，辅助色调与米白色在色相和明度上的落差可以适当减少一些。使用街区色彩设计"索引式"的方法来解决这一问题。

规划层面采取三种色彩模式来体现色彩的多样性，三种模式各有其较适应的功能类型。

（1）整体统一，弱变化的方式。以特定的米白色作为街区的基调色，米白色之外的辅助色调采取和谐色或弱对比色，色相和明度都可以在一定程度内产生"弱变化"，这种变化范围低于米白色与辅助色调的对比。较适合行政办公区域、一个街区内有几个居住组团等情况。

（2）整体节点控制，辅助色调统一的方式。在整个街区基本统一，基调色米白色和辅助色调在一定变化范围内，在空间节点、特殊建筑或街区长度的某种划分点设置色彩节点，处于色彩节点上的建筑用色方式可产生较大幅度的变化。

（3）基调色统一，强变化的方式。在整个街区基本统一米白色的使用，辅助色调不作要求，强调对比和明显的多样性。适合繁忙的商业街道。

8.5.4　永安城市色彩实施管理

1. 永安城市色彩指南

色彩指南是为特定区域的城市色彩的使用提供依据和指导的概念文本。色彩指南主要是由基于城市调研的色谱及其应用体系构成，用于应对城市居民关于如何改善城市景观的诉求，建构与调整以建筑物为主体的人造物的色彩秩序，营造和谐的视觉环境。

城市色彩实施与建筑部位对应关系　　　　　　　　　　表8.4

名称	墙面色		屋顶色	点缀色
	外墙		屋顶	檐部、门框、窗框、梁、柱、窗台、阳台
	主调色	辅助色		
	建筑外墙中占主导地位的颜色（使用面积为60%～70%），确立建筑色彩的基调	建筑外墙中占次要地位的颜色（使用面积通常为30%～40%）确立建筑色彩的基调；通常使用在墙群、建筑物底部；依视觉效果，也可以在诸如阳台、梁柱等部位	建筑物有瓦顶的可以直接作为瓦的颜色；在使用过程中注意与墙面对比度的控制；建筑物为平顶，直接作为屋顶色	点缀色在建筑外立面中小面积使用；点缀色使用的面积较为灵活，它的使用必须依据与墙面色的配色效果

（来源：本研究整理）

2. 永安城市色彩控制与引导

规划管控按照如下要求执行：整体色彩规划风格以传承旧文化、突出新文化、构筑新思想、设计新创意为导向。区域内的主控制区包括老城区、新城区、工业区（汽车工业园）、古建文化区、南城商住区、文教区（永安六中、一中）、创意文化产业区（文龙新城）。两个重要节点：巴溪滨水风光带区域、新火车站广场。其周边地区为次控制区，永安市区外为外围区域。

1）主控制区

（1）主控制区内相对应的建筑采用相应建筑外立面基调色控制使用色谱实行基调色规划管控，并采用"控制总色谱"对建筑外立面辅助色、强调色与屋顶色实行色彩规划管控。

（2）永安文化古建区均应严格依照"文化古建区建筑控制使用色谱"实行色彩规划管控，并灵活运用其他各类"建筑外立面基调色控制使用色谱"与"建筑色彩控制总色谱"，塑造既尊重历史文化又注重发挥新兴魅力，并与区域内丰厚的历史文化类建筑呼应的风格古典高雅的特色景观、与永安主导风格"海西桃源，诗意永安"契合的区域魅力景观。

（3）位于主控制区内的各级文物保护单位，有明确建设控制地带限制的，自规划规定保护范围的四向边界起500米范围内，均须按照"文化古建区周边建筑控制使用色谱"对范围内所有建筑实行色彩规划管控。

（4）位于主控制区内的各级文物保护单位，无建设控制地带规定的，以规划规定的保护范围四向边界起100米范围内，均须按照"历史文化保护类建筑控制使用色谱"对范围内所有建筑实行色彩规划管控。

（5）主控制区内的重点控制区，包括巴溪沿江风光带及其周边区域的建筑，采用"巴溪沿江风光带及周边区域建筑控制使用色谱"实行色彩规划管控。

巴溪滨水风光带的居住类建筑则应参照老城区的住宅使用色谱，采用富有格调感与品质感的石材色或仿石材色，以此形成与上述明快高雅色调之间较明显的景观印象对比，塑造该区域新兴时尚、品位高雅的标志性景观。

（6）位于主控制区内的生态保护区与风景旅游区内的建筑均须依照"文化古建区建筑色彩推荐使用色谱"实行色彩规划管控。

（7）城市代表性建筑、大型建设项目与大规模建筑组群均须按照各自所在的区域和功能类型，根据相应"建筑色彩推荐使用色谱"实行色彩严格规划与管控。

（8）规划部门划定的重点区域内建筑，以及重点建设项目的色彩均须按照各自所在的区域，根据相应"建筑色彩推荐使用色谱"实行色彩严格规划与管控。

（9）如上述第7和第8条所述建筑周边色彩环境允许其有更新颖的设计手法，以更贴切地配合建筑结构形态与功能特征，可以经由规划管理部门特别许可，适度放宽色彩控制要求。通过灵活运用相关色谱，努力打造新兴亮丽、品位高雅、质感优良、风格独特的永安市标志性新区景观印象。

2）次控制区

（1）次控制区内所有建筑物，除以下各条规定外，均依照"永安市建筑外立面基调色禁止使用色谱"实行基调色规划管控。对于建筑外立面辅助色、点缀色和屋顶色则以"永安市建筑色彩控制总色谱"划定的范围为规划管控依据。

（2）位于次控制区内的各级文物保护单位，有明确建设控制地带限制的，自规划规定保护范围的四向边界起500米范围内，均须按照"历史文化保护类建筑控制使用色谱"对范围内所有建筑实行色彩规划管控。

（3）位于次控制区内的各级文物保护单位，无建设控制地带规定的，以规划规定的保护范围四向边界起100米范围内，均须按照"历史文化保护类建筑控制使用色谱"对范围内所有建筑实行色彩规划管控。

3）外围区

（1）外围区内的所有建筑物，除以下各条规定的以外，均依照"永安市建筑色彩外立面基调色禁止使用色谱"实行建筑外立面基调色规划管控，并以"永安市建筑色彩控制总色谱"为依据对建筑外立面的辅助色、点缀色和屋顶色实行规划管控。

（2）位于外围区内的各级文物保护单位，以规划规定的保护范围四向边界起100米范围内，按照"历史文化保护类建筑控制使用色谱"对范围内所有建筑实行色彩规划管控。

（3）位于外围区内的生态保护区与风景旅游区内的建筑均须依照"文化古建区建筑外立面基调色控制使用色谱"实行建筑基调色规划管控，并依照"永安市建筑色彩控制总色谱"实行建筑外立面辅助色、点缀色和屋顶色规划管控。

（4）外围区内各乡镇中的建筑，均须按照各自功能类型，根据相应"永安市建筑色彩推荐使用色谱"实行色彩规划管控。

（5）规划部门划定的重点区域内建筑，以及重点建设项目的色彩均须按照各自功能类型，根据相应"建筑色彩推荐使用色谱"实行色彩严格规划与管控。

（6）如上述第5条所述建筑周边色彩环境允许其有更新颖的设计手法，以更贴切地配合建筑结构形态与功能特征，可以经由规划管理部门特别许可，适度放宽色彩控制要求。

4）城市十条主要道路色彩控制与引导

（1）十条道路内的建筑基本按照与其功能类型相应的"永安市建筑外立面基调色控制使用色谱"实行建筑基调色规划管控，并依照"永安市建筑色彩控制总色谱"实行建筑辅助色、点缀色和屋顶色的规划管控。

（2）对于在上述条款中明确提出采用相应推荐使用色谱实行规划管控的建筑，依照原规定执行规划管控。

（3）为建立上述十条道路良好的整体景观印象，需要对构成道路空间景观环境的各类元素实行综合设计。这些元素除占据主导地位的建筑外，还包括广告招牌、公共设施等其他元素。对应的区域内，在对建筑色彩实行相应规划管控后，须对广告招牌、公共设施等需与建筑色彩统一、和谐。

广告发展的状况尤为值得关注。广告的商业性和竞争性使其将尽其所能以最大面积、最高彩度，抢占城市景观。但是因色彩在广告信息中起到了相当大的作用，所以，户外广告从色彩方面进行管理和限制是具有一定难度的。较为可行的办法是对广告和店招的位置、数量和大小进行设计、控制与管理，并使之与附着建筑之间保持良好关系，确保广告在城市色彩景观中的有序状态。

永安城市色彩管理的一般流程与城市色彩的审核步骤如下。

城市色彩社会诉求
·主动：自发地对城市建筑、公共设施、景观等色彩有要求
·被动：因城市色彩导致的问题，被动地寻找解决方案

未确定城市色彩方案
·城市色彩设计方案中暂未确定使用色彩，希望得到配色方案

已确定城市色彩方案
·城市色彩设计方案已经确定，等待审核

城市定位
城市未来发展和形象定位

提交申请
·政府部门了解城市色彩社会诉求的基本现况和相关信息，使城市色彩设计方案进入处理程序

审批文件
根据审批依据和应对诉求提供城市色彩指导方案不同诉求，产生不同审批结果

审批理论依据

城市整体规划
符合城市用地的宏观把控与微观管理依据

否决
色彩方案不符合审核依据

调整
色彩方案接近审核依据

通过
色彩方案符合审核依据

监督制约机制
确保色彩设计方案的彻底执行和项目建设的品质

审核结论
·根据审核依据、社会诉求，给出明确的指导方案；
·调整审核方案达到规划要求，并准许进入实施环节

城市色彩规划
符合城市景观色彩控制标准

实施管控
已审核的色彩设计方案进入实施阶段，应重视载体材料的品质，并建立实施反馈机制，以解决实施中所遇问题

提供城市色彩基调
为城市景观、公共设施、建筑色彩提供依据

提供城市用色范围
调整设计方案的不适当色彩的明度、彩度和色相

色彩评估
运用评价体系对城市色彩项目进行综合评估

城市色彩特性
结合当地自然、人文景观色彩特征

城市色彩应用系统
城市色彩的管理和具体设计指导等

验收阶段
根据已审核过的设计方案及周围环境的综合评估，如果建成项目存有问题，可根据可行性做出调整、完善项目

再设计、审核
根据审核结论，修改城市色彩设计方案，再次审核，直至通过

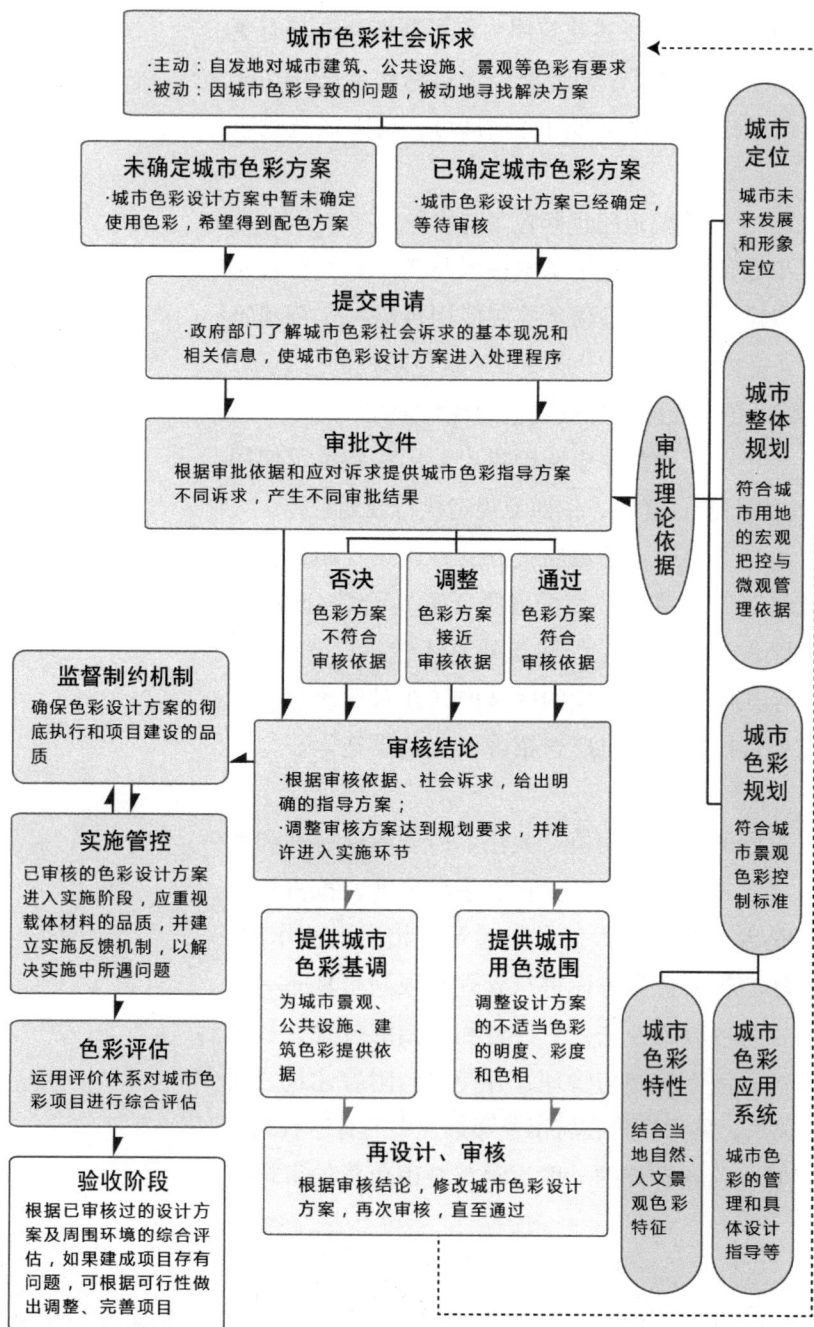

图8.35 永安城市色彩管理流程

1. 确定区域
确定被审核项目的区域位置，找出其所处区域位置的色彩

2. 审核项目外观
了解城市建筑、公共设施或景观的外观及其周围环境，以作色彩选择参考

项目类型
审核项目的轮廓、形状，判断其外形是否与所在地域的形象定位相符

项目色彩
审核项目外观色彩，根据色彩设计方案及规划合适度对其审核

项目材料
审核项目外立面材料，对材料在特定环境下的可行性及其对周围环境的影响进行审核

3. 确定主调色

未确定城市色彩方案
城市色彩设计方案中暂未确定使用色彩，希望得到配色方案

确定城市色彩方案
已经确定城市色彩设计方案，待审核

3. 调整主调色
依照城市色彩方案和设计指南，确立城市建筑、公共设施和景观等的基调

3. 建筑墙面、屋顶、构建材料
依照城市色彩方案和设计指南，确定与整体环境色彩和质感相符的建筑墙面、屋顶、构建等材料

4. 确定辅助色

4. 调整辅助色
确立城市建筑、公共设施和景观等的基调

4. 景观材料
依照城市色彩方案和设计指南，确定与整体环境色彩和质感相符的城市景观材料

5. 确定点缀色

5. 调整点缀色
给出点缀色调整和使用范围

5. 公共设施材料
依照城市色彩方案和设计指南，确定与整体环境色彩和质感相符的公共设施材料

6. 城市色彩审核结论
依照审核确定的城市色彩，得到审核结论。审核结论包括：有定量系数的颜色及由其色彩组合而成的配色效果。
审核结论为城市建筑、公共设施、景观等的色彩设计依据，并在设计实施前通过审核

城市色彩用色范围
色域、用色比例

配色图谱
给出配色图谱单元，形象表示选定的城市色彩配色效果

材料确认资料
确定使用材料规格、提供实样

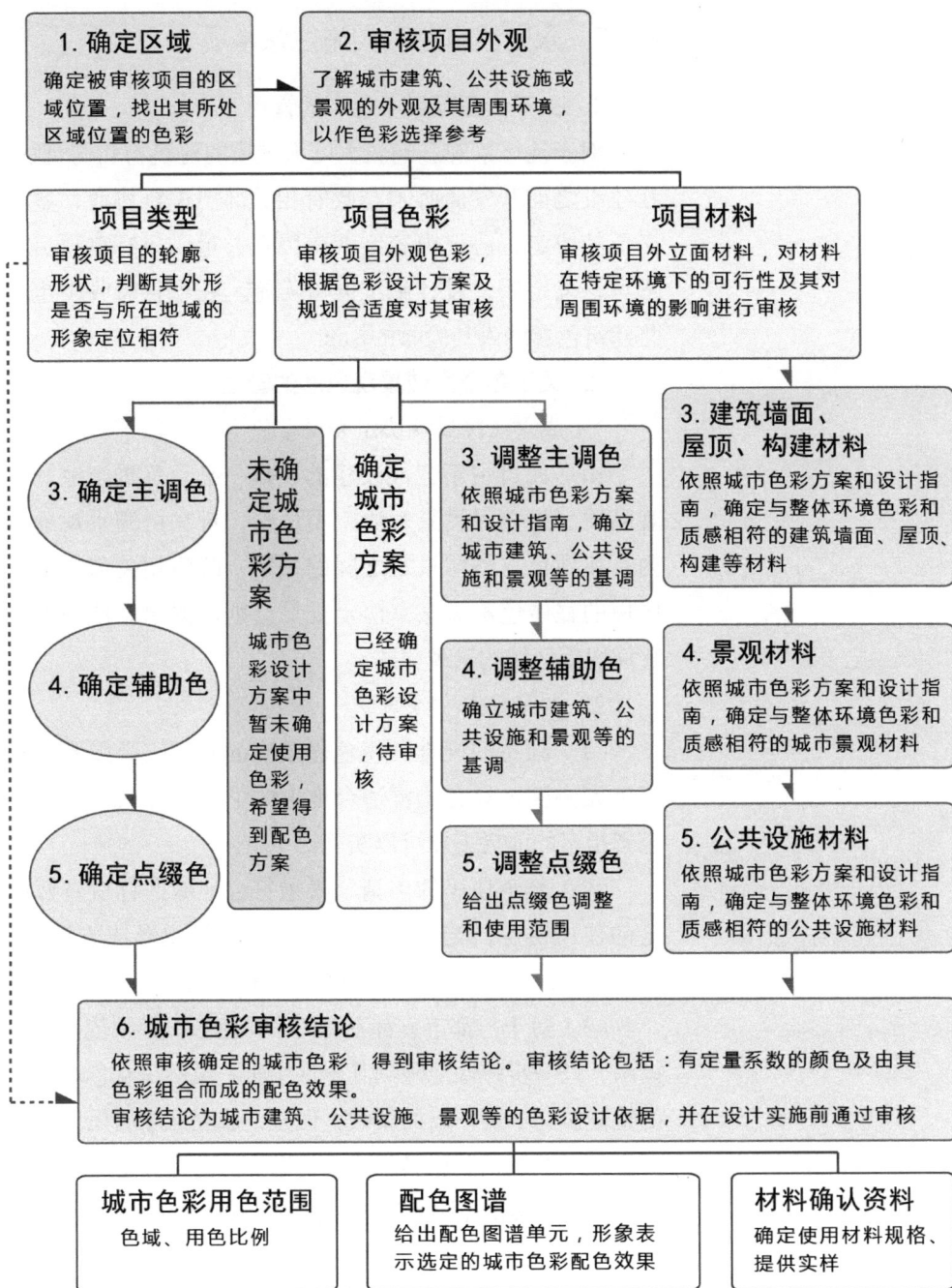

图8.36 城市色彩审核的基本步骤

8.5.5 永安城市色彩实施注意事项

1. 关于大型项目中色彩的管理

对于地域景观影响较大的大规模的建筑物和构筑物，在建设之前开发商必须与政府相关部门进行协商，签订必要的协定，协议内容定期向民众公示。只有在项目色彩审核确定后，设计施工方可实施。在项目验收中也应将建筑色彩纳入其验收的标准。

2. 关于各个区域景观色彩的管理

1）成立居民景观协定委员会

由居民自主新建或改建的项目，必须尊重当地的景观品质。成立居民景观协定委员会，旨在协调景观地域内新建项目与整体景观之间的关系。政府相关部门提出区域的整体色彩概念，协定委员会则敦促建设计划符合普通视距区域的景观要求。

2）运作方式

（1）独特的视觉环境色彩基准的制定，必须要与政府事先协议，只有非常适合地方的个案，并在尊重城市色彩指南的前提下才可以实施。

（2）每个住民的申请，必须符合地域的针对目标制定的住民协定。当关联地区制定整体景观形成方针时，关联地区或城市必须与专家和民众事先协商。

（3）对于与都市方针不符的个体色彩，必须依据色彩指南，进一步弹性地限制其个性主张。虽然民众色彩意识的整体提高不是一蹴而就的，但是，成立区域居民景观委员会，在城市相关色彩规范和专家参与的情况下，可在一定程度上缓解个体决策失误对整体景观产生的负面影响。

3）关于单体建筑色彩的管理

（1）当无彩色系作为外墙色（基调色）时，外墙辅助色的组合建筑立面全部运用白色系的无彩色，容易造成单调、没有生机的印象，而且容易受到临近的环境色的影响。辅助色的组合应用于建筑的向阳面，在建筑西立面也应适当增加辅助色的组合。

（2）外墙辅助色组合调式的明度建筑物下层部与上层部应在明度上平衡。下层部的配色要有安定感。

（3）建筑物外墙建材的色彩必须经过协商，当建筑材料的色彩不符合色彩指南时，可尽量降低建材的彩度，使其与整体景观协调，与地域的形象风格相符合。

（4）金属材料的使用必须经过协商，建筑外立面的不锈钢、铝等建筑材料的大面积随意使用，会造成机械和人工化的冷漠感。在材料使用之前，一定要慎重论证其合理性。

（5）建筑外立面玻璃材料的使用必须经过协商。建筑物玻璃材料的大面积使用，要结合其相邻的综合环境考虑。特别是彩度较高、反光度极高的镀膜玻璃的使用，一定要慎重论证其合理性。一般来说提倡使用无色玻璃或灰色玻璃。

（6）着防腐保护剂或渗透性着色剂的天然木材的使用，不能脱离色彩指南规定的用色范围，色彩在色彩指南规定的用色范围之外时，必须对其进行调整。

4）关于公共色彩运用的管理

（1）街道设施的色彩、区域内公共色彩的运用

街道市政设施色彩和区域内的公共色彩的制定要考虑周围的植物、建筑的色调。色彩的使用不应超出色彩指南的用色范围，必须尊重地域规划的色彩概念。立面形象应符合地域的形象定位。公共色彩的制定，应该与专家和民众协商。

（2）户外广告等区域内公共色彩的运用

户外广告色彩的运用要兼顾商业效益和地域的景观

效果。依据色彩指南，可以根据不同的区域制定相应的户外广告管理条例，规定尺度、形状等相关要素。具体色彩的运用必须由居民景观协定委员会进行协商。

（3）送电铁塔、信号发射架等大型构筑物的公共色彩，应与周围环境协调。色彩的选定必须与景观协定缔结地区的协定相符。

结　　语

　　经过大量的现状剖析、资料收集、案例分析以及实例操作，总结推论出一套系统性的城市色彩形象识别设计方法，这对城市理念的提取、城市色彩意象的推导、城市概念色谱的确立、城市色彩识别的实施有着重要的指导意义。研究城市色彩形象识别设计，目的是通过城市主体与城市色彩的同一而使城市主体达至艺术化生存的状态，期望以优美的色彩图景为城市创造美观、宜人、自在的生活空间，使城市主体不再感觉到失落空虚，从而塑造有地域文化认同和精神归属感的诗居家园。研究成果可总结为以下几点：

　　第一，分析了目前城市主体的生存现状，将城市化急剧加速中的城市主体生存状态与理想化的诗居生活状态进行了比对。目前，城市主体倍感身份丧失、个性磨灭、精神失落，处于一种非存在的状态；而理想化的生存状态是实现一种自我存在，在这种存在状态之下，城市主体才可找回对生活地域的认同感，并唤起自我天性中良善与纯真的意识。因而，只有使城市主体实现自我的存在状态、诗意般地栖居于城市、复归于本真才是城市发展的终极目标。因此，通过对城市主体生存状态的对比及分析，本书将城市色彩形象识别设计的目标定位于实现城市主体的诗居生存状态。

　　第二，通过对色彩的概念、属性及表色体系进行深入研究，从生理及心理两方面对色彩的感知进行了剖析。色彩作为艺术的一种表现形式，具有直达人心灵的功能，即色彩的艺术性。城市色彩的价值就在于运用色彩本身的艺术性特征，对城市的空间环境进行美化，同时，更将城市作为场所，塑造城市的场所感。城市的精神总是在寻求一种表现形式，用来唤起城市主体的感受，因此，城市色彩的建设重点在于城市情感与城市生命力的注入。城市的内在因素决定城市色彩的表现形式，具有美感的色彩是内涵和外表统一和谐的结果。城市色彩和谐统一的关键在于对城市主体的心灵有目的的启示激发，城市色彩的和谐不仅是色彩属性的协调，更重要的是对城市主体心灵有效的感染，以唤起城市主体共有的地域情感，从而对城市主体传达出该地域独有的场所精神，以增强城市主体的归属感。

第三，对城市主体得以诗意栖居的条件进行了探究，并得出结论：只有当城市主体意识与城市精神理念同一时，城市主体才可达到存在的状态。而城市色彩是城市精神理念的外在显现，通过这种外在色彩表现形式的塑造，使城市主体意识与城市色彩蕴涵的精神理念同一。因此，以此原理指导城市色彩形象识别设计，从城市理念的提取出发，城市色彩不仅要悦目、赏心，还需达到使人畅神的目的。

城市色彩形象识别设计通过同一性的原理，使城市主体精神与城市色彩表达的精神一致，从而使城市主体达到艺术化生存的状态。当城市主体先验中关于良善与纯真的意识在城市色彩中得以显现时，城市主体通过心灵的回归即能够感知到自我，进而通过城市文化精神的本体力量强化城市形象，并慰藉城市主体的心灵。这种慰藉通过城市色彩形象的识别性得以实现，每个存在者之所以成为存在者都包含着同一性，因为人与存在相互转让，它们相互归属，当城市主体的灵魂与城市色彩同一时，便是存在，人进而从城市色彩中获得认同感，便获得了心灵的归属与意识的自由。

第四，对城市主题文化的评价体系进行了构建，用以提取城市地域文化中的精神理念。根据城市主体的感知层级，将城市形象识别系统划分为深层的需要间接感知的城市理念识别系统和表层的可以直接被感知的城市感知识别系统。基于城市形象识别系统的分类，通过将城市文化具象化，进而提取城市主题文化的评价因子，并运用文化的原型结构特征，根据城市的发展原则，从城市主题文化中确立城市的精神理念。

诗居城市的色彩形象识别理念是与城市精神理念相吻合的，它表现了该地域城市主体共同的价值取向及其对于城市未来的共同期许。诗居城市的精神理念具有地域性、垄断性的特点，体现了该城市历史文化的精髓，对于城市未来的发展，有着良好的指引与促进作用。因此，诗居城市的精神理念是城市色彩形象识别设计创作的源泉。

第五，总结了诗居城市色彩意象的推导方法。运用中国意象画中的气韵原理，结合城市自然景观，从城市色彩精神理念到城市色彩意象进行转化，从有限到无限，使城市色彩意象显现出一种别样的生机。只有在城市色彩意象中有了气韵的流动，城市才能起到吸引和聚集的效能，体现出城市的无限生气。

鲜明的城市色彩意象反映了城市主体对所生活城市的文化、形态的主观感知。城市色彩意象是印在城市主体心里的关于城市整体色彩的图景，城市色彩意象营造的目的是使城市主体达成共识的群体意象。诗居城市色彩意象本质上体现的是城市主体与城市色彩的关系，是城市主体对于一座城市的外在形态乃至内在精神气质的整体心理感知。

第六，在确立城市色彩概念色谱的过程中，运用了实证主义与人本主义相结合的方法。运用实证主义的方法对城市色彩现状进行调研，对现状色彩信息进行科学性的归纳总结；运用现象学方法进行城市色彩精神理念的确立，使城市色彩的设计具备可识别性、生命性。同时，将城市色彩形象识别设计的理论体系应用于实际的案例操作，对福建永安市的城市文化进行整合，打造了"桃源仙境，诗意永安"的城市色调，并与当代都市化特征进行有机融合，全面揭示了永安的城市色彩特点及其未来发展方向。

研究针对城市色彩形象识别进行了研究，提出了系统性的设计方法，由于研究条件及时间所限，对城市色彩设计的成果评价方式与因素有待于进一步完善。

后续阶段，笔者将对城市色彩形象识别设计成果的评价体系进行全方位研究：1.在评价方式方面，将不再局限于专家评审及市民调查，还将就城市外来人口、城市观光客对城市色彩的整体感知进行评价；2.在评价因素方面，将不仅局限于视觉美学层面的评价因子细化，还将针对城市主体的文化心理的评价因子进行具象化。

参考文献

[1] 扬·盖尔著. 交往与空间. 何人可译. 北京: 中国建筑工业出版社, 2002. 9.

[2] 尹思谨. 城市色彩景观规划设计. 南京: 东南大学出版社, 2004. 6, 51-52.

[3] 中国美术学院色彩研究所. 泉州城市色彩规划研究. 上海: 同济大学出版社, 2009. 2.

[4] 周干峙. 城市化和历史文化名城. 城市规划, 2002 (4). 7.

[5] 张鸿雁. 城市形象与城市文化资本论. 南京: 东南大学出版社, 2002. 274-275.

[6] 彭远翔. 山地风貌及其保护规划——山地人居环境可持续发展国际研讨会文集. 北京: 科学出版社, 1997. 97.

[7] 徐洁. 解读安亭新镇. 上海: 同济大学出版社, 2004. 121.

[8] 吴伟. 城市风貌规划——城市色彩专项规划. 南京: 东南大学出版社, 2009. 2-12/43.

[9] Yi-Fu Tuan. Space and Place. London: Edward Arnod, 1977. 161.

[10] 沃森·本特利著. 设计与场所认同. 魏羽力, 杨志译. 北京: 中国建筑工业出版社, 2009. 2.

[11] Lucy R Lippard. The Lure of the Local: Senses of Place in a Multicentered Society. New Press, 1997. 286.

[12] Amos Rapoprt. Human Aspect of Urban Form. Pergamon Press, 1977. 48-49.

[13] 徐千里. 创造与评价的人文尺度——中国当代建筑文化分析与批判. 北京: 中国建筑工业出版社, 2000. 33.

[14] 崔唯. 城市环境色彩规划与设计. 北京: 中国建筑工业出版社, 2008. 16.

[15] 宋建明. 色彩设计在法国. 上海: 上海人民美术出版社, 1999. 10-11.

[16] 小林重顺著. 色彩形象坐标. 南开大学色彩与公共艺术研究中心译, 李军总编译. 北京: 人民美术出版社, 2006. 1.

[17] Lois Swirnoff. The Color of Cities. McGraw-Hill Professional, 2003. 1-3-108.

[18] 张长江. 城市环境色彩管理. 北京: 中国建筑工业出版社, 2008. 49-64.

[19] 郭红雨, 蔡云楠. 为城绘色——广州、苏州、厦门车市色彩规划实践思考. 建筑学报, 2009 (12). 12-13.

[20] Rafael Moneo. Theoretical Anxiety and Design Strategegies. Cambridge: MIT Press, 2004. 103.

[21] R J 约翰斯顿著. 哲学与人文地理学. 蔡运龙, 江涛译. 北京: 商务印书馆, 2010. 245-246-87.

[22] 苏珊朗格. 情感与形式. 刘大基译. 北京: 中国社会科学出版社, 1986. 18.

[23] 尼采著. 悲剧的诞生——尼采美学文选. 周国平译. 北京: 三联书店, 1996. 77.

[24] 刘易斯·芒福德著. 城市发展史——起源、演变和前景. 宋俊岭, 倪文彦译. 北京: 中国建筑工业出版社, 2005. 106/586.

[25] 梅保华, 江美球. 城市学讲座. 北京: 北京大学出版社, 1986. 1.

[26] 纪晓岚. 论城市本质. 北京: 中国社会科学出版社, 2002. 43.

[27] R E 帕克, E W 伯吉斯, R D 麦肯齐等著. 城市社会学. 宋俊岭, 吴建华, 王登斌译. 北京: 华夏出版社, 1987. 1-2.

[28] M Hough City Form and Natural Process. VNR Co, 1984. 5-12.

[29] D Deshoulières and H Jeanneau. Gabriel Guévrékian. AD Profiles: 15. Vol. 48: 8-9. London, 1978. 16.

[30] Francois Barre. The Desire for Urbanity. AD11/12. London, 1980. 5-7.

[31] Aldo Rossi. The Architecture of The City. Cambridge: Massachusett, and London, England, The MIT Press,

1982. 57.

[32] 单霁翔. 从功能城市走向文化城市. 天津: 天津大学出版社, 2007. 34.

[33] Marshall Berman. All That Is Solid Melts Into Air: The Experience of Modernity. New York, Penguin Books, 1983. 15.

[34] Colin Rowe. Collage City. The MIT Press, 1978. 33.

[35] 赫伯特·马尔库塞著. 单向度的人. 刘继译. 上海: 上海译文出版社, 2006. 4-13.

[36] Mechael Oakeshott. On Human Conduct. Oxford: Charendon Press, 1975. 320.

[37] Van Eyck. Caption in Alison Smithson. Team 10 Primer. Cambridge, Mass: MIT Press, 1968. 44.

[38] Joseph E Davis. Identity and Social Change. Transactions Publishers. New Jersey, 2000. 185.

[39] Orrin Edgar Klapp. Collective Search for Identity. New Yore: Holt, Rinehart, and Winston, 1969. 5.

[40] 罗洛·梅著. 人寻找自己. 冯川, 陈刚译. 贵州: 贵州人民出版社, 1991. 45.

[41] Richard Jenkins. Social Identity. Routledge, 1996. 21.

[42] 查尔斯·泰勒著. 自我的根源: 现代认同的形成. 韩震译. 南京: 译林出版社, 2001. 86.

[43] Sherry Olson. Urban Metabolism and Morphogenesis. Urban Geography3.2, 1982. 87-109.

[44] K Lynch. A Theory of Good City Form. Cambridge, Mass, London, 1981. 73-98.

[45] 康帕内拉著. 太阳城. 陈大维, 黎思复, 黎廷弼译. 北京: 商务印书馆, 1980. 24.

[46] 安德里亚著. 基督城. 黄宗汉译. 北京: 商务印书馆, 1997. 192.

[47] 霍华德著. 明日的田园城市. 金经元译. 北京: 商务印书馆, 2010. 181.

[48] 黄肇义, 杨东援. 未来城市理论比较研究. 城市规划汇刊, 2001 (1).

[49] 胡宝哲. 营建宜居城市理论与实践. 北京: 中国建筑工业出版社, 2009. 15-30.

[50] 魏霞. 建宜居城市居民最看重环境是否宜居. 北京: 新京报, 2006. 21.

[51] 鲍世行, 顾孟潮. 杰出科学家钱学森论城市学与山水城市. 北京: 中国建筑工业出版社, 1996. 47.

[52] 汪德华. 中国山水文化与城市规划. 南京: 东南大学出版社, 2002. 2.

[53] 高介华, 刘玉堂. 楚国的城市与建筑. 武汉: 湖北教育出版社, 1995. 421.

[54] L Mumford. The City in History, its origins, its transformations, and its prospects. London: Secker&. Warburg, 1963. 353.

[55] Adrienne Rich. What is Found There. Notebook on Poetry and Politics. New York, W. W. Norton, 1993. 13.

[56] 陈飞虎. 建筑色彩学. 北京: 中国建筑工业出版社, 2006. 1.

[57] 邢庆华. 色彩. 南京: 东南大学出版社, 2005. 1-15.

[58] 李享. 颜色技术原理及其应用. 北京: 科学出版社, 1994. 145.

[59] 马勒茨克著. 跨文化交流——不同文化的人与人之间的交往. 潘亚玲译. 北京: 北京大学出版社, 2001. 45.

[60] Gaston Bachelard. Translated by Maria Jolas. The Poetics of Space. Boston, Beacon Press, 1969. 54.

[61] Fiona McLachlan. Architectural Colour in the Professional Palette. Routledge Press, 2012. 3-4.

[62] Henri Lefebvre. The Space of Architects in Neil Leach. Rethinking Architecture: A Reader in Culture Theory. London, Routledge, 1997. 144.

[63] 康定斯基著. 艺术中的精神. 李政文, 魏大海译. 北京: 中国人民大学出版社, 2003. 4.

[64] 陈忠梅. 从物象到意象. 北京: 社会科学文献出版社, 1988. 20.

[65] Martin Bressani. The Life of Stone: Viollet-le-Dus's Physiology of Architecture. Any, No. 14. 26-27.

[66] 徐千里. 全球化与地域性——一个"现代性"的问题. 建筑师, 2003. 5.

[67] 焦燕. 建筑外观色彩表现与设计. 北京: 机械工业出版社, 2002. 90.

[68] D Hayden. Seven America Utopias. Cambridge, Mass/London, 1976. 77.

[69] 马武定. 城市美学. 北京: 中国建筑工业出版社, 2005. 11.

[70] 过伟敏, 史明. 城市景观形象的视觉设计. 南京: 东南大学出版社, 2005. 78.

[71] 郭红雨, 蔡云楠. 城市色彩的规划策略与途径. 北京: 中国建筑工业出版社, 2010. 11.

[72] Jukka Jokilehto. A History of Architectural Conservation. Butterworth Heinemann, 1999. 151.

[73] In a letter of 1921. quoted by Jean Dethier in L. Carl Brown, ed. From Madina to Metropolis; Heritage and Change in the Near Eastern City. Princeton, 1973. 203.

[74] 张鸿雁, 张登国. 城市定位论——城市社会与理论视野下的可持续发展战略. 南京: 东南大学出版社, 2008. 48.

[75] Paulys Realencyclopedie der Classiichen Altertumswissenschaft. Ⅶ, 1, col. 1155ff.

[76] 诺伯舒兹著. 场所精神: 迈向建筑现象学. 施植明译. 武汉: 华中科技大学出版社, 2010. 18-20.

[77] Peter Zumthor. Thinking Architecture. Baden, Lars Muller, 1998. 34.

[78] 斯蒂芬·R·凯勒特著. 生命的栖居——设计并理解人与自然的联系. 朱强译. 北京: 中国建筑工业出版社, 2008. 54-58.

[79] Liane Lefavivre. Critical Regionalism: a Facet of Modern Architecture since 1945. Line Lefaivre and Alexander Tzonis. Critical Regional Regionalism: Architecture and Identity in a Globalized World. Prestel, 2003. 33-39.

[80] 於贤德. 城市美学. 北京: 知识产权出版社, 1998. 42.

[81] Encyclopedia Americana, volume 2. U S A, 1980. 43.

[82] 林惠祥. 文化人类学. 北京: 商务印书馆, 2011. 9.

[83] Jean-Philippe Lenclos. The Geography of Color. AIC Color 97. 887.

[84] Harold Linton. Color in Architecture Design Methods of buildings, Interiors, and Urban Space. New York: McGraw-Hill Companies, Inc, 1999. 18.

[85] 吉田慎悟著. 环境色彩规划. 胡连荣, 申畅, 郭勇译. 北京: 中国建筑工业出版社, 2011. 97.

[86] 吴松涛, 常兵. 城市色彩规划原理. 北京: 中国建筑工业出版社, 2012. 85.

[87] 李卫, 费凯. 建筑哲学. 上海: 学林出版社, 2006. 8.

[88] C Norberg-Schulz. Genius Loci: Toward A Phenomenology of Architecture. New York: Rizzoli, 1980. 6-7.

[89] 流沙河. 十二象. 北京三联书店, 1987. 82.

[90] 陶淑艳, 殷雅平. 现代领导形象设计. 中共中央党校出版社, 2002. 3.

[91] 艺术学编委会. 艺术与城市: 空间与想象. 上海: 学林出版社, 2011. 65.

[92] 钱智. 城市形象设计. 安徽: 合肥义兴出版社, 2002. 127.

[93] 李燕. 文化释义. 北京：人民出版社，1996. 57-85-258.

[94] Random House. Random House Wester's College Dictionary. Random House Reference, 1996. 668.

[95] Robert G Dunn. Identity Crises: A Social Critique of Postmodernity. University of Minnesota Press, 1998. 58.

[96] 埃德蒙德·胡塞尔著. 生活世界现象学. 倪梁康，张廷国译. 上海：上海文艺出版社，2005. 19.

[97] 洛克. 人类理解论（上）. 关文运译. 北京：商务印书馆，1983. 306.

[98] John Dewey. Art as Experience. New York. Minton, Balch, 1934. 197-256.

[99] 迈克·克朗著. 文化地理学. 杨淑华，宋慧敏译. 南京：南京大学出版社，2003. 3.

[100] 王宏，皇维章，邹铁军. 西方哲学家介绍. 吉林：吉林人民出版社，1986. 57.

[101] Robert Venturi. Complexity and Contradiction in Architecture. New York: Museum of Modern Art, 1996. 16.

[102] 朱谦之. 文化哲学. 北京：商务印书馆，1990. 6.

[103] M P Conzen. "Morphology of Nineteenth-Century Cities" in R P Schaedel et al. Urbanization in the Americias from the Beginings to the Present. The Hague 1980. 119.

[104] 万书元. 当代西方建筑美学. 南京：东南大学出版社，2001. 70.

[105] 汪丽君. 广义建筑类型学研究[天津大学博士学位论文]. 2002. 18.

[106] 卡尔文·S·霍尔，沃农·J·诺德拜著. 荣格心理学纲要. 张月译. 黄河文艺出版社，1987. 35.

[107] Jaqueline Tyrwhitt. Patrick Geddes in India. London, New Press, 1965. 72.

[108] 申维辰. 评价文化——文化资源评估与文化产业评价研究. 山西：山西教育出版社，2004. 39.

[109] 萧湛. 生命·心灵·意境. 上海：上海三联书店，2006. 180.

[110] J 兰德者. 外国著名思想家译丛——庞德. 潘炳信译. 北京：中国社会科学出版社，1992. 106.

[111] 黄谋燕. 意象——灵活令人困惑的术语. 长江大学学报（社会科学版），1994（03）. 51-54.

[112] 张鸿雁. 感知与意象——城市理念与形象研究. 南京：东南大学出版社，2007. 21.

[113] 鲁道夫·阿恩海姆著. 视觉思维. 滕守尧译. 北京：光明日报出版社，1987. 177-180.

[114] 凯文·林奇著. 城市意象. 方益萍，何晓军译. 北京：华夏出版社，2001. 2-4.

[115] Stephen Copley, Peter Garside. The Politics of the Picturesque: Literature, Landscape and Aesthetics Since 1770. Cambridge , Cambridge University Press, 2010. 88.

[116] 朝仓直巳著. 艺术设计的色彩构成. 赵郧安译. 北京：中国计划出版社，2000. 174.

[117] 克利夫·芒福汀著. 街道与广场. 张永刚，陆卫东译. 北京：中国建筑工业出版社，2004. 182.

[118] 卢原信义著. 街道的美学. 尹培桐译. 武汉：华中理工大学出版社，1989. 57.

[119] 罗文媛. 建筑的色彩造型. 北京：中国建筑工业出版社，1995. 153.

[120] 王庆海. 城市规划与管理. 北京：中国建筑工业出版社，2005. 255.

[121] 周进. 城市公共空间建设的规划控制与引导——塑造高品质的城市公共空间的研究. 北京：中国建筑工业出版社，2005. 103.

致　谢

　　学术研究是一个漫长而艰辛的过程，其中既有孤寂，亦有甘甜。本人在留校作为大学教师时就已经开始关注"城市形象识别设计"的相关问题了，有幸在湖南大学攻读博士，因此有机会对"城市色彩形象识别设计"问题进行深入的研究。

　　论文的最终完成，离不开大家的帮助。首先，要感谢我的博士生导师何人可教授。导师严谨求实的治学态度、渊博的学识和敏锐的洞察力，对本人影响至深，使本人获益匪浅。感谢何人可教授夫妇多年来对本人的帮助。

　　感谢湖南大学陈飞虎教授为本人提供城市建筑色彩方面的专业指导和宝贵意见。感谢肖狄虎教授多年来对学生进行"城市形象"研究的鼓舞。感谢福建省永安市城乡规划局原局长赖世焕先生，副局长朱学勤先生等给本人的大力支持。

　　感谢硕士生导师程能林教授夫妇自本科以来的关爱。

　　感谢博士生导师许康教授夫妇多年来对学生的关爱，并且鼓励我不懈地进行"城市色彩形象识别设计"的研究。

　　感谢湖南省交通运输厅董青云副厅长、湖南省委组织部三处处长胡绪阳博士、湖南湘西州旅游局欧道胜局长多年来的关心和爱护。感谢湘西州人大原主任龙颂江夫妇对本人的关心。

　　感谢湖南大学原副校长谢炳炎教授夫妇对本人的成

长所倾注的心血。

感谢舒坤贤博士、张小勇博士、朱立博士、吴卫博士、莫再树博士对本人的帮助。感谢我的学生尤斐、吴群、何盼、刘霖、李文杰、周敏、潘贺哲、谢俊陶等在论文资料的收集与整理方面所付出的心血。

感谢远在湘西的母亲及姐妹，感谢他们多年来一直给予我的无私的关爱。

还要感谢我的岳父、岳母，特别是我的爱人及儿子，感谢他们一直以来对我学术研究的理解与支持。

谨以此书纪念我的父亲。